배움의 습관

Miracle Habit

배움의 습관

하버드, 옥스퍼드, 케임브리지
세계 엘리트들의 공통된 9가지 습관

오카다 아키토 지음

이정미 옮김

더퀘스트

일러두기

- 본 책은 원서의 내용에 충실하였으며 국내 상황에 따라 편집한 일부 예시가 있습니다.

'배움의 습관'이
인생을 바꾼다

"수업이 어려워서 이해가 안 돼요."

"논문이 잘 써지지 않습니다."

"앞으로 뭘 배워야 할지 잘 모르겠어요."

저는 20년 넘게 대학교 교단에 서왔는데, 매년 이런 상담을 합니다. 학생들은 취업 준비나 동아리 활동, 직장인들은 인간관계나 커리어 때문에 고민하는 경우도 많지만, 공통적으로 '배움'과 맞닥뜨리게 되면 일단 머리가 지끈해지는 듯합니다. 재미없다, 골치 아프다, 귀찮다, 하기 싫다…….

배운다고 하면 곧바로 학교 공부를 떠올리는 사람도 많

을 것입니다. 한국의 여러분도 비슷할지 모르지만 일본의 아이들은 철부지 시절에서 벗어나면 이내 대입 공부에 쫓기게 되어 '항상 좋은 성적을 받아야 한다', '원하는 학교에 반드시 합격해야 한다'는 강한 압박 속에 놓입니다. 어른이 된 후에도 이런 기억이 강렬하게 남아 공부를 싫어합니다.

또 기존 교육에서는 지식을 머릿속에 집어넣는 일, 시험에서 정답을 맞추는 인재를 기르는 일이 중심이 되었습니다. 그래서 우리는 아무리 멋지고 신나는 일이라도 '배움'이라는 말이 나오는 순간 곧바로 거부반응을 일으키고 맙니다. 그러나 이것은 '배움'의 본래 모습을 모르기 때문입니다. 배움이라는 행위는 인생의 모든 일에서 기초인데도 말이지요……

방법이 달라지면
배움은 즐거워진다

저의 경우, 배움이 '즐겁다'고 느낀 것은 오랫동안 30개국이 넘는 다양한 배경의 엘리트 학생 및 연구자와 함께 배우는 경험을 하고 나서부터입니다. 그리고 옥스퍼드 대학교에서 비교교육학을 접하면서 '어떻게 하면 배움이 즐거워질까?' 하는 생각이 시작되었습니다.

비교교육학은 쉽게 말하면 우리나라와 다른 나라의 교육 모습을 비교하는 학문입니다. 옥스퍼드의 수업에서는 배움의 방법이 매우 참신하여 제게는 모든 게 놀라움의 연속이었습니다. 예를 들어 어느 학생이 "우리나라에서는 집단 괴롭힘 문제에 제도 개혁으로 대처하고 있습니다"라고 자신의 의견을 거침없이 말하는데, 내용과 화법이 듣기 쉬워 끝까지 귀 기울이게 됩니다. 그러면 다시 누가 먼저랄 것도 없이 반론하는 목소리가 나오고, 또 거기에 다른 의견이 추가됩니다. 배움이 현장의 분위기 속에서 몸과 마음에 배어드는 느낌이었습니다.

어느 날, 쉬는 시간에 다른 사람들에게 어떻게 그렇게 즐겁게 공부할 수 있느냐고 물었습니다. 그러자 '내 생각을 모두에게 이야기할 수 있으니까' '살아있는 지식을 얻는다는 게 기분 좋으니까' '내 공부 방법에 자신이 있으니까'라는 대답이 돌아왔던 것을 지금도 선명히 기억합니다.

사실 저도 우리나라에 있을 때는 그런 '배움'의 즐거움을 몰랐습니다. 수동적 교육을 싫어했고, 결코 공부를 잘하는 우등생 유형이 아니었습니다(지금도 마찬가지입니다). 학교 성적은 평균 수준이었고, 좋아하는 스포츠와 밴드 활동을 할 뿐 공부는 하지 않는 '살짝 날라리 학생'이었습니다.

그래서 저는 공부, 배움이 지루하고 재미없다고 느끼는 분들의 마음을 이해합니다. 암기식 학습에 익숙해져 있어 대학교 공부든 수험이든 직무교육이든 어느 부분이 이해가 안 되는지, 어디서 막히는지 잘 보입니다. 예전의 저 자신과 똑같은 지점에서 고민하는 사람들에게 조언을 주어 '아, 이런 방법이 있구나!' 깨닫게 할 때, 전문가가 되기를 잘했다는 생각이 들어 기쁩니다.

동시에 이렇게 생각합니다.

'세계가 인정하는 학습 방법을 모든 사람이 익힐 수 있다면 좋겠다. 그렇게 되면 누구나 즐겁게 적극적으로 배울 수 있을 거야!'

배움은 습관이자, 호흡

세계 최고 순위의 대학교에 다니는 학생들이나 성공한 사업가들에게는 무언가 다른 '배움의 방법' '생활 습관' '마음가짐'이 있지 않을까요? 새삼 정리해 보니, 세계에서 통용되는 인재가 되기 위해 우선 익혀야 할 기술은 사실 너무나도 가까운 곳에 있음을 알 수 있었습니다. 그 본질을 한마디로 말하면 몸에 밴 '호흡'입니다.

평소에는 거의 의식하지 못하지만 호흡에서는 '들이쉼'과 '내쉼'이 항상 한 묶음입니다. 배움도 마찬가지입니다. 다시 말해 '지식을 획득하는 일(인풋/들이쉼)', 그리고 '얻은 지식을 밖으로 표현하는 일(아웃풋/내쉼)'이 항상 한 묶음이어야 합니다.

저는 강의를 할 때 배움을 호흡과 같은 방식으로 구현해봅니다. 가령 비판적 사고력을 키우고 싶다면 수강자를 A와 B 그룹으로 나누어 서로 비판하도록 과제를 줍니다. A 그룹에게는 "봉사에 대한 자신의 정의를 말해보세요"라고 말하고, 그다음으로 B 그룹에게는 "어떤 부분이든 좋으니 A의 의견을 비판해보세요"라고 말한 후 15분간 대화하게 합니다.

처음에는 망설이고 쑥스러워하던 학생들도 몇 번 대화를 거듭하면서 자연스럽게 요령을 익히고, 즐겁게 서로 비판하게 됩니다. 또 명심할 점으로서, 그저 말하기만 할 것이 아니라 '상대방의 눈을 똑바로 본다' '제스처를 곁들인다' 등의 비언어 요소, '상대방이 금방 대답을 찾지 못할 때는 나름의 자기 대안을 말한다'는 토론의 규칙, '게임을 하듯 즐긴다' 등의 마음가짐에 대해서도 가르칩니다.

이 과제의 배경에는 상호 비판을 통해 두 사람의 의견이 처음보다 훨씬 높은 수준으로 상승한다는 서양 대학의 튜토리얼(토론형 학습)이 반영돼 있습니다.

　대화를 마친 이들은 그전에 확실히 이해하지 못했던 복잡한 지식도 머릿속에 깔끔하게 정리하고(인풋/들이쉼), 나아가 자신의 생각으로 소화해 타인에게 전달합니다(아웃풋/내쉼). 게다가 수업이 끝나고 조금 후 연구실에 찾아와서 "아직도 세미나의 여운이 남아 있어요"라고 흥분한 듯 말하기도 합니다. 졸업생들 중에서는 "선생님의 수업에서 배운 것을 지금 일에서 실천하고 있습니다"라고 말해주는 사람들도 있습니다. 교육에 종사하는 사람으로서 가장 기쁜 일입니다.

　덕분에 현재 제 세미나는 대학원, 학부, 연구생을 포함해 최대 100명의 학생이 소속된, 도쿄 외국어 대학에서 가장 크고 인기 있는 배움의 장이 되었습니다. 세미나에 처음 왔을 때는 조용하던 이들도 졸업할 때는 몰라보게 성장해 있습니다. 졸업생들은 구글 등 국내외 대기업, 공공기관, 국제기관, 교직에서 일하거나 외국의 대학원에 진학하는 경우가 많습니다. 대학교 동료들이 "오카다 교수님의 세미나에는 활기 넘치는 학생들이 많네요!"라고 말하는데, 아마 세미나에서 성장하기 때문일 것입니다.

배움의 방법이
당신의 인생을 바꾼다

이렇게 수업에서 실천을 반복하며 다시 한번 확신했습니다.

'전에는 몰랐던 배움의 방법을 알고 나니 즐겁다.'

'즐겁기 때문에 배움에 대한 동기가 더 강해진다.'

즉 무언가를 배울 때 우리는 행복을 느낀다는 것입니다.

'배움에 대한 사람의 자세가 이렇게나 달라지는구나……'라고 사실은 저 자신도 놀랄 정도입니다. 이 책에서 다룰 배우는 습관의 핵심은 공부뿐만이 아니라 일과 취미 등에도 파급효과를 가져와 인생을 풍요롭게 할 것입니다.

저는 세계에서 통용되는 방법을 한 명이라도 더 많은 독자가 익히고 인생에서 즐거움을 느끼기를 바라는 마음으로, 30년에 걸쳐 연마한 내용을 집대성하여 책을 쓰게 되었습니다. 이 책에서 말하는 배움은 공부법이나 암기법 등의 기술은 아닙니다. 더 깊이 있는, 더 범용성 있고 중요한 공부의 기본을 익혀 어떤 방면에도 적용하도록 하는 것입니다.

여러분이 배움에 뛰어날 필요는 없습니다. 타고난 머리의 좋고나쁨, 운동 신경이나 예술 감각도 상관없습니다. 자신의 오감을 활용하는 배움의 틀을 익히면 됩니다. 그리고 일상생활 속에서 반복해 연습하면 습관이 됩니다. 그때 독자 여러분의 인생은 크게 달라져 있으리라 확신합니다.

오카다 아키토

들어가며. '배움의 습관'이 인생을 바꾼다 ──────── **05**

서장. 세계에 통용되는 배움이란 ─────── **17**

지금 새로운 배움이 필요한 이유 19 │ 배움에도 틀이 있다 22

1장. 관찰하기 ──────── **35**

비교를 통해 대상을 정밀하게 포착한다 37 │ 문화인류학을 단서로 모니터링 능력을 기른다 44 │ 무심결에 드러나는 표정과 화법에서 성격과 속마음을 읽어낸다 55 │ '관독'으로 힘들이지 않고 뇌에 자극을 준다 65

2장. 경청하기 ——————————————— 73

이야기를 빈틈없이 듣는 법 75 | 귀로 기억하는 능력을 기른다 82 | 노래 암기로 기억력을 향상시키자 88 | 릴레이 스피치로 이야기를 정확히 듣는 능력을 연마한다 92 | 경청을 위해 상대방과 라포를 형성하자 99 | 백트래킹으로 귀 기울여 듣는 자세를 보여준다 110

3장. 생각하기 ——————————————— 121

아이스 브레이킹으로 사고를 유연하게 123 | 문제를 발견하고 명확히 한다 133 | 딜레마 사고법으로 정답 없는 문제를 끈기 있게 풀어낸다 141 | 연상법으로 아이디어를 연결해 사고를 넓힌다 155 | 포모도로 기법으로 최대한의 생산성과 효율성을 이끌어낸다 168

4장. 모방하기 ——————————————— 177

롤모델에게 질문을 던져 이상에 다가간다 179 | 팝송을 이용해 재미있게 영어를 배운다 190 | 소스북에서 아이디어와 구상이 탄생한다 197 | 반면교사를 통해 사고력을 연마한다 209 | TRIZ로 선례를 응용해 창조한다 216

5장. 기록하기 ──────────── **227**

코넬식 필기로 간결하게 정보를 정리한다 229 ㅣ 마인드맵으로 생각을 비주얼로 만든다 239 ㅣ 국제적 기준에 맞는 에세이를 쓴다 248 ㅣ 4행 일기로 자신을 시각화한다 260

6장. 의견제시 ──────────── **269**

의견과 이유의 연결을 자연스러운 습관처럼 271 ㅣ 발언의 타이밍을 조절해 최고의 효과를 노린다 275 ㅣ 피드백으로 상대방의 목표 달성에 공헌한다 278 ㅣ 반대 의견을 말하고 싶을 땐 CER 화법 283 ㅣ 갈등 관리로 의견의 충돌에 대응한다 292

7장. 질문하기 ──────────── **305**

모음 다섯 자를 이용해 질문을 생각한다 307 ㅣ 질문의 틀을 상황에 맞게 사용한다 315 ㅣ 나쁜 질문을 좋은 질문으로 바꾼다 321 ㅣ 질문의 최적 타이밍을 찾는다 330 ㅣ 자문자답으로 사고나 행동을 다양화한다 336

8장. 비판하기 —————————————————— **345**

비판적 사고를 통해 상대방을 지적으로 돕는다 347 | 동료 평가로 친구나 동료의 비판을 강점으로 바꾼다 357 | 토론으로 건강한 비판 정신을 기른다 365 | 비판적 사고로 책을 비판한다 376 | 분노 관리로 비판의 스트레스를 조절한다 386

9장. 퍼포먼스 —————————————————— **395**

긴장을 조절해 최고의 퍼포먼스를 발휘한다 397 | 슬라이드와 전달 방법을 개선해서 이해하기 쉬운 발표를 한다 406 | 역할극으로 자신과 다른 입장에 있는 사람의 마음을 이해한다 418 | 비언어 커뮤니케이션으로 양질의 인간관계를 구축한다 427

마치며. '지금이야말로 '배움의 습관'을 —————————————————— **436**

세계에서 통용되는
배움이란

지금 새로운 배움이 필요한 이유

VUCA, 바뀌고 불확실하고
복잡하며 모호한 시대가 온다

21세기는 새로운 지식이 모든 사회활동에서 비약적으로 중요해지는 지식기반사회(knowledge-based society)의 시대다. 이런 지식기반사회가 성립하면서 전 세계가 VUCA의 상황에 돌입했다고도 한다.

VUCA란 영어의 Volatility(변동성), Uncertainty(불확실성), Complexity(복잡성), Ambiguity(모호함)의 앞 글자를 딴 조어다. 전 세계가 정치, 경제, 문화, 의료 등 모든 환경에서 매우 예측이 어려운 상황에 직면했다는 뜻이다.

　VUCA는 원래 미국의 군사 문제와 관련해서 생겨난 개념인데, 요즘에는 비즈니스 분야에도 도입되었다. 이 현상은 근래 급속히 진행된 글로벌화와 관련이 있다. 글로벌화로 인해 사람, 재화, 정보의 이동이 활발해지면서 전례 없는 문제들이 발생하고, 한 나라의 힘만으로는 대응할 수 없는 사태에 빠져들고 있다. 환경 문제가 대표적이다.

　또 저출산 및 고령화와 인공지능(AI)의 개발로 인해 기존의 직업이 로봇으로 대체되고 있다. 21세기 중에 약 2만 개의 직업이 사라지고 많은 사람이 일자리를 잃을 것으로 예측된다. AI의 출현으로 인해 여러 나라에서 경제적인 이노베이션(기술혁신)이 요구되고 있고, 이러한 환경에서 뭘 어떻게 배워야 적절한지, 아니 살아남을 수 있는지 수준의 긴급한 과제가 떠오르고 있다.

지금 필요한 배움이란

유감스럽게도 지식기반사회와 VUCA의 시대를 살아가기 위해서는 지금까지 학교에서 배운 지식과 기술만으로는 부족하다. 그래서 다음 세대에 필요해질 능력으로 OECD(경제

협력개발기구)가 제시한 것이 '키 컴피턴스(key competence)'다.

'컴피턴스'는 능숙함, 수완, 역량이란 사전적 의미를 지닌 단어로, 단순 지식이나 능력과 달리 복잡하고 예측하기 어려운 과제 앞에서 사고와 행동으로 그 해결을 도모하는 힘이다.

컴피턴스를 높이는 데는 스스로 배우고, 깊이 생각하고, 행동하는 일이 중요하다. 그중 배우는 행위에는 그동안 암기한 지식을 적용하는 것뿐만 아니라 다음과 같은 능력이 포함된다.

· **변화에 대응하는 능력**

· **다문화, 다언어 사회에서 소통을 통해 협력하는 능력**

· **비판적인 관점에서 생각하고 자율적으로 행동하는 능력**

OECD 가입국을 중심으로, 만 15세를 대상으로 3년마다 실시하는 PISA(국제학업성취도평가)는 이 컴피턴스의 정도를 측정하는 것이 목적이다. 핀란드가 모든 과목에서 좋은 성적을 올려 주목을 받고 있다.

배움에도 틀이 있다

세계 엘리트들이 활용하는 '틀'이 있다

나는 지금까지의 학문적 경험을 정리하면서, VUCA의 시대를 잘 헤쳐나가고 있는 세계 엘리트들에게는 공통점이 있음을 발견했다. 물론 이들도 뛰어난 성과를 올리기 위해 오래 노력하고, 수없는 실패를 견디고, 힘들어하고, 좌절하는 부침을 겪는다. 그런데 얼핏 보기에는 흉내 낼 수 없을 듯 보이는 이들의 성취가, 사실은 특정한 학습 습관을 익혀 각 단계를 순서대로 밟아 나가면 대부분의 사람에게도 가능하다는 것을 알게 됐다.

예컨대 미국의 교육심리학자 벤저민 블룸은 사람이 배울 때의 단계를 크게 '머리, 마음, 몸'으로 나누어 설명하고, 지식이 기억-이해-응용-분석-평가-창조의 단계를 거쳐 순서대로 진행된다고 말한다. 중요한 것은, 사람이 무언가를 배우고자 할 때는 어떤 단계들을 거쳐 더 깊은 사고를 하게 된다는 점이다.

이 책은 배움의 단계적 틀을 바탕으로, 그중에서도 특히 세계의 엘리트들에게 공통되는 배움의 정수를 추출해서 여러분에게 구체적인 실천법을 익히도록 할 것이다.

당신의 오감을
100퍼센트 열어라

우리가 무언가를 배우고자 할 때는 눈, 귀, 감촉, 맛, 냄새 등 오감을 활용한다. 예를 들어 공부나 일에서 성공한 경험을 떠올려 보자. 그때 어떤 방법으로 정보를 획득했는가?

- 사진이나 비디오, 상황 등 시각적인 것을 잘 '관찰'했다.

- 다른 사람의 설명이나 조언, 듣기 교재 등 소리를 통해 정보를 '들었다'.

- 이상적이라고 생각하는 대상의 말과 행동을 '모방'하고 온
  몸으로 표현하며 체득했다.

이처럼 사람마다 자신 있는 습득법이 다르다. 인간의
기억에는 한계가 있으므로 새로 얻은 지식은 어떤 형태로든
'기록'할 필요도 있다.

지식이 더 내 안으로 소화되게 하는 지름길은 표현하는
일이다. 세계의 엘리트들은 배움의 장에서 능동적으로 '질
문'하거나, 자신의 '의견'을 말하거나, '비판적인 시각을 제시'
한다. 실제로 이러한 아웃풋이 중뇌의 영역을 활성화한다는
연구 자료가 있다. 이러한 학습의 인풋과 아웃풋을 결합하면
'사고력'을 최대치로 끌어올려 결과인 '퍼포먼스'를 최적화
한다.

지금까지 설명을 기본으로, 배움의 정수를 사람의 오감
과 관련 지어 추출하면 다음과 같은 아홉 가지가 된다.

- 인풋 → 관찰하기, 경청하기, 생각하기, 모방하기
- 아웃풋 → 기록하기, 의견제시, 질문하기, 비판하기,
  퍼포먼스

배움의 질을
획기적으로 바꾸는 습관들

구체적으로 어떤 배움의 습관을 익힐지 간단히 살펴보자.

○ **관찰하기**

인간은 오감 모두에서 정보를 얻는데, 그중에서도 시각기관에서 전체의 약 85퍼센트를 넘는 정보를 얻는다. 그러나 일상생활 속에서 무언가를 '보는 일'과 '관찰하기' 사이에는 큰 차이가 있다. 관찰의 기본은 대상을 자연 상태 그대로 객관적으로 보는 것인데, 얼른 생각하기에는 당연한 것 같아도 실제로는 어렵다. 왜냐하면 자신이 자란 문화와 환경, 과거의 경험 등이 무의식적으로 작용해서 본연의 상태를 잘못 인식하기 때문이다.

예를 들어 '공원에서 아이들이 놀고 있다'는 얼핏 보기에 평범한 상황이라도, '요즘의 놀이 방법' '놀이 시간' '아이들을 지켜보는 부모의 행동' 등 특정한 부분을 의식하며 관찰하면 얻을 수 있는 정보가 크게 달라진다.

○ **경청하기**

'왜 사람의 입은 하나인데 귀는 두 개일까? 자신이 말하는 것의 2배만큼 타인의 말을 들어야 하기 때문이다.'

서양의 속담이다. '듣기'는 상대방의 이야기와 정보를 정확히 포착해서 이해하는, 커뮤니케이션에서 매우 중요한 기술이다. 무언가를 배울 때는 상대방과 신뢰 관계를 쌓고 진지한 자세로 이야기를 들어야 한다. 그렇게 해야 상대방의 의견과 진심이 나오고, 더 깊이 있는 정보 교환이 가능해진다. 또 듣는 사람의 자세에 비추어 자기 자신을 알고, 정보의 조절이 가능해지며, 성장을 촉진하는 계기를 만들 수 있다.

이 책에서는 상대방의 이야기를 잘 듣기 위한 훈련 방법, 상대방과 신뢰 관계를 쌓는 방법을 설명하겠다.

○ **생각하기**

VUCA의 시대를 살아가기 위해서는 자신이 놓인 상황을 정확히 파악하고 어떤 수단과 행동을 취할지 생각해야 한다(이는 개인이든 국가든 마찬가지다). 그럴 때 사고력이 필요하다. 논리적으로 사고할 수 있으면 타인과 소통할 때도 내용이 비약적으로 충실해지고, 이해하기 쉽게 설명할 수 있고, 문제 해결을 위한 설득력 있는 결과를 내놓게 된다.

○ 모방하기

일본어에서 '배우다(学ぶ, まなぶ)'라는 단어는 '흉내 내다'의 뜻도 가지고 있다. 둘은 어원이 같다. 이상적인 인물 또는 대상의 '모방'을 통한 학습은 인간이 지식을 획득하는 본질적인 기법이다. 최근 AI가 급속한 발전을 이룬 이유 중 하나도, 이 모방의 요소를 많이 도입해서 인간과 집단의 기능 과정을 배우도록 했기 때문이다.

20세기를 대표하는 예술가 파블로 피카소는 모방의 본질을 단적으로 보여준 인물이다. 피카소는 그 독창적인 예술의 착상을 어디에서 얻느냐는 질문에 "흉내 내기"라고 대답했다. 피카소처럼 세계적인 예술가라도 무(無)에서 완전히 새로운 무언가를 창조해내는 것이 아니라 기존 예술 작품의 정수를 잘 융합함으로써 참신한 아름다움을 낳는 것이다.

○ 기록하기

수업이나 업무 미팅에서 필기를 하는 일이 많다. 그러나 보고 들은 것을 적기만 하는 일은 단순 작업에 지나지 않는다. 또 필기했다는 데 만족해서 다시 들여다보지 않거나 생각 없이 들춰 보는 것에 그친다면 배웠다라고 할 수 없다.

기록하는 일은 '사고 정리 전략'이다. SNS와 태블릿 등

의 급속한 발전으로 스스로 메모할 기회가 줄어들고 있으나,
직접 손을 움직이면 전자기기와는 다른 형태로 뇌에 신호가
전달되며, 자신의 글씨는 세상에 하나뿐이므로 시각도 자극
된다.

이 책에서는 메모를 지식 활용의 무기로 바꾸는 필기
기술, 논리력의 핵심인 에세이 쓰는 법 등의 연습을 소개하
겠다.

○   **의견제시**

집단주의 경향이 강한 집단에서는 '부끄럽다' '남들이 싫어
할지 모른다'는 생각으로 자신의 의견을 말하지 못하거나,
의견을 낸다고 해도 서로 같은 의견만 말하는 일이 많은 듯
하다. 글로벌 사회에서는 그런 태도는 대부분 환영받지 못한
다. 아무 말 없이 가만히 있으면 남들은 '의견이 없다' '뭔가
다른 꿍꿍이가 있다'고 생각해서 거리를 두게 된다.

이 책에서는 자신의 생각과 판단을 '의견'이라는 형태로
제대로 표현하고, 상대방과 더 좋은 관계를 형성하는 방법을
소개하겠다.

○ **질문하기**

질문은 학문의 기본이다. 학문(學問)에서 문(問)은 '무언가에 의문을 가지다' 또는 '묻다'라는 뜻이다. '그저 질문하는 거라면 쉽잖아!'라고 생각할지도 모르지만, 세계의 엘리트들은 '잘 질문하는 법'을 알고 있다. 사실 질문은 자신이 관심 있는 내용을 타인에게 들을 뿐 아니라, 상대방의 생각을 더 이끌어내고 나아가 배운 것을 이해로 이어가는 중요한 커뮤니케이션 기술이다. 한편 우리나라 사람들은 강의자가 지목하지 않으면 질문하는 일이 적은 것 같다. 평소부터 적극적으로 묻는 기술을 몸에 익히면 의문점을 해소할 수 있고 매사에 효율이 높아져 일을 실수 없이 해낼 수 있다. 일이든 공부든, 잘하는 사람일수록 불명확한 부분이나 의문점에 대해 거침없이 질문을 한다.

○ **비판하기**

우리 사회에는 '분위기 파악'이라는 표현이 있는데, 설령 남과 다르게 생각해도 상대방의 기분이 상하지 않도록 그냥 동조하거나 말을 삼켜버린다.

반면 세계의 커뮤니케이션 방법은 매우 대조적이다. 비판은 '대상을 여러 각도에서 바라보는 일' '서로 더 잘 이해하는 일'을 뜻하므로 칭찬받을 행위다. 급격히 변화하고 불안정한 상태가 계속되는 현대 사회에서는 '지금까지 이 사고방식으로 대처할 수 있었으니 앞으로도 이 방식이면 되겠지' 하는 자세는 통용되지 않는다. 오래된 방식이나 생각을 고수하는 대신, 전과는 다른 시점을 명확한 논거로 표현하고 수용하는 기술을 익혀야 한다.

○ **퍼포먼스**

퍼포먼스는 '연주' '상연' '연기' 등을 뜻한다. 배움에서는 자신이 얻은 인풋을 몸으로 표현해서 전달한 아웃풋의 총칭이라고 할 수 있다. 외국에서는 퍼포먼스 능력을 육성하기 위해 연극 수업이 이른 의무교육 단계부터 실시되고 있다. 연기를 통해 표정과 목소리, 몸짓 등의 감정 표현을 풍부하게 하고 타인과 협동하는 능력 등을 배우는 것이다.

이 책에서는 드라마의 요소를 도입한 학습법, 발표와 토론을 위한 표현력을 익히는 연습 등을 소개하겠다.

옥스퍼드에서 체감한
배움의 원점

1096년 개교한 옥스퍼드는 의학, 물리학, 철학, 법학, 경제학 등 수많은 분야로 이루어진 종합대학이며, 영국 역대 총리와 노벨상 수상자들을 배출할 정도로 세계 최고의 엘리트들이 모여 있다. 또 공부뿐만 아니라 올림픽에 출전하는 운동선수들도 다니는, 문무를 겸비한 배움의 장이다. 2020년 기준 세계 대학교 순위에서 미국의 하버드 대학교 등 명문 학교들을 제치고 여러 해 연속으로 1위를 차지했다.

이러한 옥스퍼드의 교육 중 유명한 것은 역시 '튜토리얼 (tutorial)'일 것이다. 튜토리얼이란 교수와 학생이 주 1회 1대 1(또는 교수 한 명에 학생 몇 명) 대화를 통해 하나의 과제에 대한 지식을 쌓는 일을 말한다. 교수와 학생이 문답을 거듭하면서 진리에 도달하는 일을 목표로 삼는 지적인 협동 작업이다.

튜토리얼의 대화에서 교수가 곧잘 하는 말이 있다. 바로 "So what?(그래서 어떻다는 거지요?)"이다. 튜토리얼에 익숙하지 않은 단계에서 이 말을 들으면 학생들은 움찔하며 '내 생각에 뭔가 문제가 있나?' 하고 불안을 느낀다. 비슷한 말로 "So why?(왜 그렇지요?)"가 있다.

이 두 마디가 학생들을 지적으로 치열하게 단련시킨다.

옥스퍼드의 래드클리프 도서관

내게는 마치 '뇌가 땀을 흘리는 듯한' 경험이었다. 사실 교수는 "So what?"이라는 말을 자주 던짐으로써 학생들의 생각속에 숨은 약점, 오류, 논리의 비약을 스스로 깨닫도록 돕는 것이다.

가르치는 쪽과 배우는 쪽 모두 상당히 스트레스를 느끼지만, 이렇게 열정적으로 참여하는 학습법은 매우 효과적이다. 튜토리얼의 기원은 고대 그리스의 대화법이라고 한다. 서로 비판적인 의견을 교환하면 더 높은 수준의 사고에 도달한다는 암묵적인 이해가 그 바탕이다.

전 세계의 뛰어난 연구자 및 학생들과 지적으로 교류하면서 '나 자신에게 적합한 배움의 방법'을 찾아내는 일이 얼마나 중요한지 배웠다. 교수들, 그리고 다른 학생들과 문답을 거듭하다 보면 자연스럽게 '호흡이 맞는다'는 느낌이 생겨난다. 어떤 질문을 받아도 곧바로 의견이나 비판을 내놓을 수 있는 나 자신 나름의 학습 스타일을 갖추게 되는 것이다. 그리고 교수도 마치 그것을 기대한 듯 더욱 까다로운 질문과 비판을 던지고, 다시 거기에 응수한다……. 학생이 지식을 흡수하고 방출하며 교수 및 다른 학생들과 대화를 주고받는 광경은 마치 인간이 고르게 들숨과 날숨을 쉬며 생명을 유지하는 모습과도 같다.

독자 여러분도 배움의 들숨과 날숨을 자연스러운 습관 으로 삼게 되면 세계 어디서든, 언제든, 몇 번이든, 퀄리티 높은 퍼포먼스를 내놓게 될 것이다.

1장

관찰하기

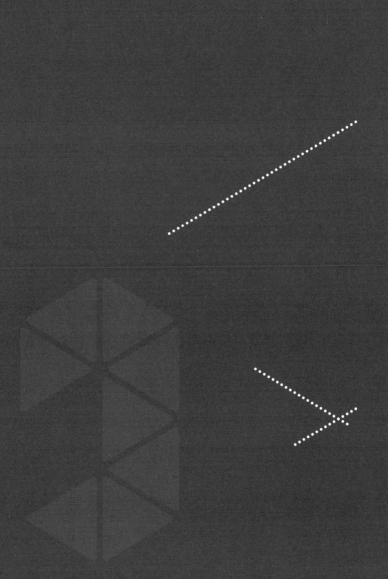

비교를 통해
대상을 정밀하게 포착한다

영국의 과학자 아이작 뉴턴(Isaac Newton, 1642~1727)은 근대 자연과학(물리학과 수학)의 아버지로 불린다. 매일 마당의 나무에서 사과가 떨어지는 모습을 관찰하고 낙하 속도를 비교해 만유인력을 발견한 에피소드는 유명하다. 또 20세기 물리학에 혁명을 일으킨 알베르트 아인슈타인(Albert Einstein, 1879~1955)은 평소 버스가 집 부근의 시계탑 옆을 지나는 모습을 바라보다가 '만약 버스가 광속으로 달리면 어떤 일이 일어날까?' 하는 의문을 가지고 빛의 속도를 비교하여 새로운 현상을 발견했다. 그리고 최종적으로 우주의 기원을 생각할 때 기초가 되는 상대성이론을 수립했다.

뉴턴과 아인슈타인은 우리가 평소 그다지 의식하지 않는 자연현상을 목적을 가지고 바라봄으로써 독창적인 발견을 이루어냈다. 과학사를 돌아보면 대상을 몇 번이고 관찰하며 비교해서 데이터를 검증하는 동안, 예기치 못한 실험 결과나 생각지 못한 대발견이 등장한 사례들이 있다. 또 혼자만의 믿음에서 벗어나 사물에 대해 생각하기 위해서는 다양한 대상의 비교가 필수다.

비교의 4단계 연습

예를 들어 여러 나라의 교육제도를 비교한다고 치자. '나라'라는 같은 단위라도 미국 등 대국과 아프리카 신흥 소국의 교육제도를 비교하기는 어렵다. 선진국과 개발도상국은 사회 발전 상황이 근본적으로 다르므로 교육제도만을 떼어내 비교하는 일에는 의미가 없기 때문이다.

비교를 할 때는 비교 대상 간에 어느 정도 공통점이 필요하다. 미국의 비교교육학자 조지 베레데이(George Bereday, 1920~1983)는 저서 《교육의 비교법》에서 비교의 과정을 명확히 4단계로 제시했다. ①기록 ②해석 ③병치 ④비교의 흐름이다. '글로벌 사회를 살아갈 인재의 육성'이 강조되는 오늘

날, 현재 우리나라와 미국의 학교 교육을 비교하고 차이점을 분석해보자. 여기서는 수업 풍경과 학습 방법을 예로 든다.

① 기록

보이는 현상을 잘 관찰하고 발견한 점을 적는다. 우리나라와 미국의 교육에 관한 문헌자료를 읽고, 수업 장면이 묘사된 영상이나 영화를 관찰해서 객관적으로 기술하고 거기서 문제의식을 도출한다. '누가 더 우월한가' 등의 편견을 가지지 않고 객관적으로 볼 것을 명심하자.

(예) 우리나라는 교사가 교단에 서서 가르치고 학생들은 앉아서 듣는다.

미국에서는 학생들이 교사를 둘러싸듯 원형으로 앉아 학습한다.

② 해석

기록하며 발견한 그 대상의 상황, 예컨대 교실 내 교사의 위치, 가르치는 방법, 학생 간의 관계 등을 주의 깊게 관찰하고, 원인에 대해 학문적 이론이나 접근법을 바탕으로 해석을 덧붙인다.

우리나라는 교사가 주도적으로 교육하고 학생들은 조용히 앉아서 그 내용을 배운다. 그리하여 학생이 교사에 대한 순종, 지식을 정확히 서술하는 능력, 인내력 등을 기르길 기대한다.

미국에서는 학생들이 적극적으로 발언하고 서로 토론하면서 학습한다. 그리하여 사회에서 민주주의적 논의에 참여하는 방법을 배운다. 교사는 어디까지나 퍼실리테이터(facilitator, 조력자)이며 학생들의 자주성을 지원한다.

③ **병치(竝置)**

해석한 현상을 나란히 두고, 비교 가능한 항목의 유사점과 차이점을 분석한다. 우리나라와 미국의 수업 풍경 및 학습법에 관한 사항을 나열하고, 무언가 차이점이 보이는 경우 '왜 그런 차이가 생겨났을까'에 대해 나름대로 가설을 세운다.

자국과 타국의 학교 교육 비교

	우리나라	미국
교사의 역할	지도	보조
학생의 자세	수동적	능동적
교수법	일방향	양방향(참여형)
교육의 목적	집단정신의 함양	개인의 존중
교육 이념	규율과 법칙의 중시	민주주의 정신의 형성

우리나라의 학교 제도는 일방향 학습을 통해 집단정신과 규율을 준수하는 자세를 배우고, 앞으로 사회 구성원으로서 협력하며 인내심 있는 인재의 육성을 목표로 삼는 것이 아닐까?

미국에서는 학생이 의무교육 단계부터 적극적으로 의견을 표현하도록 요구하고, 개인을 존중하고 토론하는 사회에 참여하는 인재 육성에 중점을 두는 것은 아닐까?

④ **비교**(문제 분석과 전체 분석)

병치한 내용을 비교하고 일정한 법칙을 도출한다. 비교 대상 간에 공통되는 부분이 관찰되면 거기서 일정한 법칙이 도출될 가능성이 있다. 서로 다른 부분이 관찰되면 거기에 집중해 다시 한번 ①기록 단계로 돌아가 더욱 깊이 관찰하고 비교 분석을 반복한다.

집단주의 사회에서는 수동적 수업이 일반적으로 관찰된다. 유교의 영향이 강한 한국, 일본과 중국 등 아시아 국가들에도 공통된다. 한편 미국과 같은 개인주의 사회에서는 민주주의를 뒷받침하는 논의와 토론 방법이 중시되며, 학생에게 적극적인 참여를 요구한다고 할 수 있다.

다양한 비교

비교에는 여러 유형의 방법이 있다.

- 동시비교 → 대상이 되는 현상을 같은 시간과 영역
  속에서 관찰한다.
- 전후비교 → 대상을 시간의 경과(과거, 현재, 미래) 속에서
  관찰한다.
- 순서비교 → 여러 현상을 발생 시점, 우열, 규모 등의

순서에 따라 비교한다.

- 인과비교 → 대상의 인과관계를 명확히 한다.

아래는 각 관점에서 '나팔꽃'을 관찰할 경우의 예다.

나팔꽃의 다양한 비교

관찰 방법	구체적인 예
동시비교	나팔꽃의 수술과 암술을 비교하며 관찰한다.
전후비교	나팔꽃 봉오리를 관찰하고, 그다음 날 꽃이 핀 모습과 비교한다.
순서비교	부풀지 않은 봉오리와 부푼 봉오리의 변화 순서를 본다.
인과비교	변화의 순서가 날씨나 온도와 관련되어 있는지 생각한다.

나팔꽃의 봉오리와 꽃이 핀 모습

문화인류학을 단서로
모니터링 능력을 기른다

"전철 안에서 왜 잠을 자나요?"

"왜 여학생들은 한겨울에도 짧은 치마를 입나요?"

유학생들에게 자주 받는 질문이다. 국내에서는 어디서나 볼 수 있는 광경이 유학생들에게는 매우 신기해 보이는 것이다. 한편 우리가 외국에 나가면 똑같은 경험을 하게 된다. 남들 앞에서 아무렇지도 않게 키스를 하거나, 식사 중에 마음껏 트림을 하는 사람들을 보고 '어!' 하고 놀라는 것이다.

자신과는 다른 문화를 만났을 때 '문화 차이'라는 말로 그냥 넘어가거나 거리를 둘 것이 아니라, 반대로 그 속으로 뛰어들어서 무엇이 왜 다른지 잘 관찰하고 원인을 탐색할 필요가 있다. 이것을 실천하는 학문이 문화인류학이다.

문화인류학자들은 일상 속 사회에서 드러나지 않는, 또는 사람들이 그냥 지나치는 '이상한' 일을 주목하고, '어째서?!' '어, 재미있네!' 하는 호기심과 유연한 사고를 가지고 그것을 읽어내는 관찰력이 뛰어나다. 나는 이러한 관찰력을 '모니터링 능력'이라고도 부른다. 이 능력은 타고나는 것이 아니며, 연마하는 비결이 따로 있다.

명탐정의 비밀

문화인류학의 분석 방법 중 하나가 현장연구다. 현장연구란 연구 대상이 있는 곳을 실제로 찾아가서 현지 사람들과 함께 행동하며 상황을 관찰하거나 이야기를 들으며 정보를 수집하고, 거기서 특수한 관습이나 행동에 숨은 본질을 찾아내는 것이다. 명탐정 셜록 홈즈가 추리에 즐겨 쓰는 방식도 이러한 현장 분석 기법이다. 그는 사건 현장의 흙이나 고무 조각에서 중요한 힌트를 얻기도 하고, 노인으로 분장해 현지인과 대화를 나눠본다.

인터넷이 이만큼 발전한 오늘날이라도 실제로 현지에

가지 않으면 알 수 없는 일이 헤아릴 수 없을 만큼 많다. 예를 들어 현지 사람들의 목소리, 문자화되지 않은 행동 습관, 현지에서만 볼 수 있는 정경, 현장에 존재하지만 곧 변화하는 것 등은 현장연구를 통해서만 관찰할 수 있다.

현장연구의 기본 과정은 다음과 같은 네 가지다.

① '뭔가 이상한데?' '재미있네!'라고 느낀 점에 대해 '왜 그런지 밝혀내고 싶다'는 목적의식을 가진다

② 관찰 지점을 2~3개로 좁히고 예비조사를 해서 메모한다

③ 관찰 지점에 대해 유행, 국제성, 젠더 등 다양한 관점을 검토한다

④ 수집한 정보를 정리해서 문장과 그림 등으로 기록한다

메모는 종이에 여백을 남기며 작성하면 좋다. 나중에 다른 메모를 덧붙일 수 있고, 알아보기도 쉽기 때문이다. 또 메모한 내용은 선으로 연결하거나 동그라미를 치는 등 이해하기 쉽게 도식화하면 정리할 때 편리하다. 아래와 같은 기호를 사용해서 중요도를 표시하는 것도 효과적이다.

○ → 중요한 부분

△ → 참고사항, 자료

× → 찬성할 수 없는 부분

? → 의문스러운 부분

중요한 자세는 주관적인 시각과 객관적인 시각을 잘 조합하면서, 자신의 관점이 곧 보편의 관점은 아님을 기억하는 것이다.

전철에서 현장연구를 해보자

현장연구는 멀리 외국까지 가지 않아도 가능하다. 예를 들어 전철을 탈 때 스마트폰을 보는 시간을 조금 줄이고 현장연구를 하는 습관을 기르면 등하교나 출퇴근 시간을 완전히 다른 방법으로 즐길 수 있다.

전철 안에는 사람들의 행동(시간을 보내는 법, 소지품, 타고 내리는 타이밍 등), 안내 방송, 사람들 간의 거리 등 흥미로운 연구 주제가 수없이 많다. 수첩과 펜을 들고 전철에 타서 다음과 같은 순서로 현장연구를 실천해보자.

① 목적을 명확히 한다

'무엇을 보러 갈지' '무엇을 조사할지' 등을 확실히 하고 나서 시작하자. 여기서는 예시를 위해 '전철 내 광고' 관찰을 목적 으로 삼을 것이다.

② 분석할 부분을 좁히고, 떠오르는 생각을 수첩에 적는다

(예) 종류와 내용
등장인물(나이, 성별)
디자인, 배색, 위치(천장 배너, 창문 위, 출입문의 창 등)
글씨의 종류(자국어, 외국어)

모두 기록하려 하다 보면 정작 중요한 부분을 빠트리게 되므로 주의하자. 시간 내에 기록할 수 없는 경우는 광고의 사진을 찍거나 그림을 그린다.

③ 검토, 관찰, 분석할 부분을 분류하고 표로 만든다

여기서는 광고의 위치(천장 배너, 문 옆, 창문 위, 손잡이, 영상 등)를 보고 다음과 같은 관점을 떠올렸다고 가정하겠다.

최근의 유행과 가치관

세상의 변화

사람들의 버릇

사회문제

젠더

세대 차이

국제성

정리한 예는 아래와 같다.

전철 광고의 분석표

	천장 배너	문 옆	창문 위	손잡이	영상
종류	○잡지 패션	서적 여행	△관혼상제 화장품	대출 ×인생 상담	전철 내 에티켓 이벤트
등장하는 인물과 사물	연예인 식품	책 풍경	방송인 동물	회사명 연락처	다양함
배색	컬러풀	컬러풀?	모노톤	단색	영상용 색채
디자인	눈에 띔	단순함	눈에 띔	단순함	눈에 띔
관점	유행, 세상의 변화 등	유행 등	젠더 등	사회문제 등	사회문제, 유행 등

④ 현장연구한 내용을 정리하고 분석한다

아직 기억이 생생할 때 메모의 내용을 글로 정리하자. 공통점을 발견했다면 거기서 일정한 법칙을 도출해보자. 차이점을 발견했다면 그 이유를 생각해보자.

예

천장 배너: 가장 눈에 잘 띈다 → 문제나 유행에 대한 주의 환기

문 옆: 전철에 타고 내릴 때 눈에 띈다 → 여행을 연상 시킨다

창문 위: 밝은 위치 → 화장품이 돋보인다

손잡이: 손으로 잡는 위치 → 심각한 문제의 대처

광고의 위치와 사람들의 관심사 사이의 관계, 광고를 쳐다보는 사람들의 모습, 동물이나 캐릭터는 어떤 종류의 광고에 사용되며 사람들의 심리 및 행동과 어떤 관련이 있는지 등 다양한 관점을 생각해볼 수 있다.

가능하다면 현장연구에서 조사한 내용을 파워포인트로 정리해서 발표해보자. 또다시 새로운 관점을 얻을 수 있을 것이다. 새로운 의문과 수수께끼를 풀기 위해 도서관이나 인터넷에서 더 많은 자료를 모으고 분석해보는 것도 좋다. 경우에 따라서는 신제품 개발의 단서가 떠오를 수도 있다. 더 많이 알고 싶다면 친구나 동료에게 의견을 묻거나 과감하게 광고회사에 질문해보자.

이러한 연습을 반복하면 평범한 전철 안이 발견의 연속이 되고 탐구심이 싹터, 일상 속의 '당연한 일들'을 한발 물러나 바라보는 냉철한 관찰력이 자라날 것이다. 다만 지나치게 열중하면 급정차 때 넘어질 수 있으니 조심하며 관찰하자.

문화인류학의 대표적인 연구

문화인류학의 선구자라고 할 수 있는 클로드 레비스트로스 (Claude Lévi-Strauss, 1908~2009)는 문명화되지 않은 사회의 구조를 분석했으며, 그의 주요 저서인 《슬픈 열대》와 《야생의 사고》는 세계적인 베스트셀러가 되었다. 레비스트로스는 당시 유럽인들의 '자유로운 개인들이 모여 사회를 이루고, 그렇게 해서 역사가 축적되어 왔다'는 세계관을 비판하고, 설령 문명화되지 않은 사회라도 그 밑바닥에는 보이지 않는 구

국내판《슬픈 열대》
(한길사, 1998)

국내판《일본 사회의 인간관계》
(소화, 1996)

조(관습 등)가 있으며 개인의 사고는 그 구조가 결정한다는 관점을 제시했다.

일본의 사회구조를 분석한 인류학자 나카네 지에(中根千枝, 1926~2021)의 저서《일본 사회의 인간관계》는 지금까지 계속 읽히고 있는 불후의 연구다. 일본은 상사-부하나 선배-후배 등의 상하 서열, 다시 말해 종적인 인간관계가 중시되는 사회다. 또 학교와 회사 등의 장을 바탕으로 한 집단성이 전통적으로 뿌리 깊고, 가족적인 분위기 등 정서적인 연결을 통한 일체감을 중시한다. 반면 리더가 없으면 집단 전체의 힘이 약해지는 특징도 뚜렷하다.

종적인 일본 사회와 비교할 때 서양은 횡적 사회다. 횡적 사회에서는 친구나 동료 등의 대등한 인간관계를 중시하는 경향이 강하고, 일정한 자격만 갖추면 집단에 들어가는 일이 비교적 쉽다. 연공서열 같은 고용 제도도 그다지 찾아볼 수 없다.

무심결에 드러나는 표정과 화법에서
성격과 속마음을 읽어낸다

심리학은
사람의 마음에 대한 과학

친절한 사람, 화를 잘 내는 사람, 사려 깊은 사람, 자기 방식대로 행동하는 사람.

사람은 다양한 개성이 있고 각자 성격이 다르다. 인간의 성격 구조, 마음의 움직임, 행동에 대한 데이터를 수집하고 과학적인 방법으로 그 특징을 이해하고자 하는 학문이 바로 심리학이다.

우리는 일상생활에서 웃으며 인사하고, 상대방의 표정

과 몸짓에서 그 순간의 속마음을 추측하는 등, 무의식적으로 관찰을 실행하고 있다. 만약 의식해서 심리학적인 관찰력을 기른다면, 상대방의 성격과 속마음을 파악하고 좋은 인간관계를 수월히 형성할 수 있다.

말 외에 감정이 드러나는
7가지 지점

UCLA 심리학과 명예교수 앨버트 메라비언(Albert Mehrabian, 1939~)은 대인관계에서 감정과 기분을 전달할 때 어떤 정보를 바탕으로 인상이 결정되는지 연구했다.

가령 입으로는 "즐겁다"고 말하면서 목소리가 낮고 불쾌한 표정을 짓는 방식으로 모순된 메시지를 전달할 때 사람들이 어떻게 느끼는지 검증한 결과, 언어 정보는 7퍼센트, 말투 등의 청각 정보는 38퍼센트, 겉모습과 표정 등의 시각 정보는 55퍼센트로, 말 외의 커뮤니케이션이 중요한 역할을 한다는 결론이 도출되었다. 이것을 '메라비언의 법칙(The Law of Mehrabian)'이라고 한다.

'눈은 입만큼이나 많은 말을 한다'라는 말이 있다. 이처럼 인간의 감정은 몸의 모든 부분에 나타난다. 심리학에서는 다음과 같은 일곱 가지 지점이 중요함을 강조한다.

O   **표정**(희로애락)

상대방이 입을 살짝 벌리고 있다면 내 이야기에 흥미가 있고 집중해서 듣고 있다는 표시다.

O   **시선**(똑바름, 두리번거림, 깜빡임, 높낮이)

사람은 거짓말을 할 때는 오른쪽 위를, 과거에 일어난 일을 이야기할 때는 왼쪽 위를 보는 경향이 있다고 한다.

O   **제스처**(브이 사인, 오케이 사인, 손짓해서 부름)

상대방이 탁자 위에 손을 올려놓은 채 주먹을 꼭 쥐고 있다면 내 이야기를 듣고 싶지 않다는 뜻이다.

O   **말소리**(말투, 강약, 높낮이, 리듬, 빠르기, 크기, 어미)

속마음은 목소리가 편안하고 경계하는 태도가 없을 때 나오기 쉽다.

○ **자세**(몸의 움직임, 팔짱, 다리 꼼, 몸짓, 버릇)

몸의 아랫부분에서 팔짱을 끼는 것은 무언가 불안을 느껴서 자신의 몸을 지키고자 하는 방어적인 자세를 드러낸다.

○ **접촉**(만지기, 거리)

자신의 얼굴이나 몸을 자주 만지는 것은 '자기 친밀 행동'이라고 하며 긴장이나 불안을 달래려는 행동이라고 한다.

○ **호흡**(빠르기, 멈춤, 리듬)

스트레스가 최고조일 때는 호흡이 거칠어진다.

예를 들어 다음과 같은 몸짓을 한다면 어떤 심리상태일까?

손동작에 드러나는 인간의 심리

| 주변에 있는 물건을
계속 만진다 | 팔짱을 낀다 | 코를
자주 만진다 |

올바르게 추측하는 비결은 우선 선입견을 배제하고 눈 앞의 대상을 있는 그대로 바라보는 마음가짐이다. 가령 '미소 짓고 있는 것을 보면 좋은 사람이다'라고 단정 짓지 않고 '지금 저 사람은 미소 짓고 있는 상태다'라고 객관적으로 바라보는 것이다.

심리학에서는 사람에게 세 가지 종류의 미소가 있다고 말한다.

- **진심에서 우러나는 미소는, 먼저 입이 웃은 뒤 눈이 웃는다.**
- **억지 미소는 눈이 가늘어지지 않는다.**
- **비웃는 미소는 좌우 비대칭이 되기 쉽다.**

타인을 관찰해보자

상대방에게 순간적으로 드러나는 다양한 특징(위의 일곱 가지 지점)을 포착하는 능력이 타인에 대한 관찰력이라고 할 수 있다. 지금까지 설명한 내용을 생각하며 타인에 대한 관찰을 연습해보자.

○ **만나기 전에 가능한 한 정보를 많이 수집하고, 그 사람이 어떤 유형일지 상상해 본다**

사전 정보의 예로서 외양, 출신 지역, 학력, 사회적 지위 등을 들 수 있다.

○ **상대방의 이야기를 들으며 7가지 지점을 자세히 관찰한다**

특히 시선에는 감정이 나타나기 쉬우므로 주의해서 살펴보자.

○ **첫인상 등을 수첩에 기록해둔다**

상대방이 어떤 이야기를 할 때 어느 방향으로 시선을 향하는지, 팔짱을 끼는지 등의 신체적인 요소, 어떻게 생각하는지 등 사고와 관점의 유형을 개인별 메모로 만들어두면 좋다. 특정한 경향이 드러나면 거기서 상대방의 성격이 보이기 시작한다.

○ **몇 번 만난 후 첫인상이 들어맞은 부분, 오해했던 부분을 확인한다**

지난번에 관찰했을 때 상대방의 건강이 좋지 않았다든지 다른 경우가 있을 수 있기에, 이 작업을 반복해서 정확성을 확인한다.

타인에 대한 관찰력을 기르면 상대방의 생각을 이해할 수 있다. 또 상대방에게 더 가까이 다가갈 수 있게 되면 다양한 사람들과 더 좋은 관계를 맺을 수 있다. 가까운 사람들을 관찰하면서 그 사람들의 화법과 몸짓, 표정 등을 보았을 때 호감이 가면 모방하고 싶어지고, 반대로 거부감을 주는 반응이나 태도를 보면 조심하게 된다. 이처럼 타인의 관찰은 타인을 통해 자신을 이해하고자 하는 심리와도 연결되어 있다.

타인에 대한 관심은 자신에 대한 관심이기도 하다. 남을 관찰함으로써 자신은 어떤 사람인지, 어떤 인생관을 가져야 할지, 남 앞에서 어떻게 행동해야 할지도 배울 수 있다.

융의 '유형론', 사람의 성격은
분류할 수 있다

심리학에서는 한 사람을 특징짓는 지속적이고 일관된 행동 양상을 '성격(personality)'이라고 부른다. 성격은 선천적으로 가지고 있는 부분과 그 후의 성장 환경에 따라 형성되는 부분으로 나뉜다.

스위스의 정신과 의사 칼 구스타프 융(Carl Gustav Jung, 1875~1961)은 사람의 심층 심리를 분석하고, 고뇌하는 사람들을 위한 치료법을 확립했다. 융의 이론에 따르면 마음의 움직임은 의식적으로 통제할 수 없는 무의식과 강한 관련이 있다. 이 이론은 '융 심리학'이라고도 한다.

융 심리학 중 하나인, 인격과 성격을 유형별로 나눈 '유형론'은 유명하다. 사람은 외부에서 무언가 자극을 받았을 때 무의식적으로 마음이 어떻게 작동하느냐에 따라 '2가지 태도'와 '4가지 기능'으로 분류된다.

○ **2가지 태도**

'외향적'과 '내향적'이다.

외향적은 외부 대상에 대한 관심이 강하고 타인을 잘 관찰하는 유형이다. 주위에 자신이 영향을 주고 싶어 하는 경향이 강하다.

내향적은 자신의 내면에 대한 관심이 강하고 내성적인 유형이다. 타인에 대한 관심이 약한 경향이 있다.

○ **4가지 기능**

'사고' '감정' '감각' '직관'이다.

사고는 대상에 대해 논리적으로 생각하고, 이론과 이치에 대한 관심이 강하고, 현상에는 원인과 결과가 있다고 보고, 그 과정을 조리 있게 분석하는 유형이다. 세상의 다양한 사건을 분류하고 정리하는 것, 비교의 관점에서 깊이 생각하는 것이 특징이다. 이론을 중시하는 한편 이익과 손해를 크게 신경 쓰며, 때론 지나치게 이치를 따지는 사람이라는 인상을 준다.

감정은 좋고 싫음, 유쾌함과 불쾌함 등의 기분으로 대상을 판단하는 경향이 강한 유형이다. 커뮤니케이션 능력이 높고 모든 사람과 쉽게 친해지는 특징이 있다. 어려움에 처한 사람을 그냥 지나치지 못하는 '호인'과 같은 성격이라고 할 수 있다.

감각은 대상을 있는 그대로 느끼고 시각적으로 파악하는 유형이다. 정보를 객관적으로 파악하는 능력이 높은 한편, 판단이나 결정에는 소극적이기도 하다.

직관은 순간적인 느낌으로 대상의 핵심을 이해하려 하는 유형이다. 한편 그 순간적인 느낌을 깊이 추구하고 분석해서 실현시키는 일에는 관심이 적고, 상식이나 고정관념에도 얽매이지 않으며, 현실보다 상상과 이상을 좋아하는 사람이 많다고 할 수 있다.

융은 '2가지 태도 × 4가지 기능 = 8가지 유형'으로 사람을 분류했다. 타인이 나타내는 언행의 양상과 경향을 이해할 때 참고하자.

'관독'으로 힘들이지 않고
뇌에 자극을 준다

유학 시절, 매일 외국어로 된 책을 몇 권씩 읽어야 하는 생활을 했다. 그런데 이 책들은 난해한 철학서, 문학 작품, 과학 논문이었기 때문에 아무리 애써도 내용이 머리에 전혀 들어오지 않았다. 그때 문득 떠오른 생각이 있었다. '책을 바라보고 있기만 해도 괜찮지 않나?'

철학을 전공하는 친구에게 그 이야기를 했더니 "나도 완전히 똑같이 생각해"라고 선선히 대답했다. 독서에 지치면 그저 그림책을 바라본다는 것이었다.

일반적으로 독서라고 하면 누구나 곧바로 '정독'을 떠올릴 것이다. 그러나 바쁜 일상생활 속에서는 학생이라면 수업에서 과제로 내준 책, 사회인이라면 엑셀 교재 등 어지간히 필요성이 높은 책이 아닌 이상 차근차근 읽기 어렵다. 또 긴 글을 읽는 일이 싫고 의욕이 잘 나지 않는 사람들도 있을 것이다.

그런 사람은 책의 목차나 삽화, 또는 사진집이나 그림책을 그저 바라보고 있어보자. '독서'란 '책을 읽는다'는 뜻인데, 나는 책을 바라보는 일을 '관독(觀讀)'이라고 이름 붙였다.

바라보기를 통해
사고력과 상상력을 기를 수 있는 이유

관독은 의학과 뇌과학의 관점에서 볼 때 다양한 효과가 있다. 의학박사 가토 도시노리에 따르면 그림책을 읽거나 바라보면 우뇌가 시각적인 자극을 받아 사고력과 상상력이 길러진다. 또 가토 박사는 그림책이나 삽화가 있는 책의 페이지를 넘기는 동작에는 직전에 본 이미지를 머리에 남기는 '스케치패드 기능(Sketchpad Function)'이 있어서 우뇌가 훈련된다고 주장한다. 최근에는 어른을 위한 그림책 심리요법도 주목받고 있다.

그렇다면 '만화책도 관독에 효과가 있지 않을까?' 하고 생각할지 모른다. 그러나 만화책을 읽을 때는 주로 언어를 담당하는 좌뇌를 사용해 글을 읽기 때문에 그림이나 사진 등 이미지에 관여하는 우뇌를 조금밖에 사용하지 않게 된다. 그러므로 감각적으로 뇌를 자극하지는 못한다. 그림이나 사진을 바라보며 뇌를 자극하고 기억력과 상상력을 높이는 것이 관독의 목적이다.

관독을 해보자

다음과 같은 단계로 관독을 연습해보자.

① **흥미나 관심이 있는 책을 여러 권 골라서 눈에 잘 들어오는 곳에 둔다**
특히 사진이나 그림이 많은 책을 준비하자.

② **기분전환을 하거나 한숨 돌리고 싶을 때 그중 한 권을 골라 바라본다**
표지, 제목, 목차, 소제목, 그림 등을 피곤하지 않을 정도로만 바라본다. 글을 읽으려 할 것이 아니라 어디까지나 시각적인 부분에 집중하자.

③ 바라보는 리듬을 한 번 이상 바꾼다

우선 편안하게 바라볼 수 있는 리듬을 찾아낸다. 똑같은 속도로 바라보면 단조롭고 질질 끄는 느낌이 들기에, 보기에도 강약을 주는 것이 중요하다. 관심이 많이 가는 부분은 특별히 천천히 바라보는 등, 리듬을 적절하게 변화시키자.

④ 마음에 드는 그림은 세부까지 관찰하며 상상력을 가동한다

관심이나 흥미를 끄는 그림 또는 사진을 찾아내면 '마음의 속삭임' '눈에 보이지 않는 것' '비유 또는 상징' '의인화' '자

《구둣방 할아버지와 난쟁이 요정》 중에서

신의 경험이나 일상과의 비교' 등을 생각하면서 천천히 바라보고 상상의 나래를 펼친다.

여기서는 동화책 《구둣방 할아버지와 난쟁이 요정》을 예로 들겠다. 구두를 파는 마음씨 착한 노부부를 난쟁이 요정들이 도와주는 이야기다.

아래와 같은 단서를 따라 작품을 바라보며 자유롭게 상상하고 연상해보자. 등장인물이나 이야기의 흐름에 자기 자신을 집어넣기 쉬워지고 상상력이 풍부해진다.

관독의 요점

상상한다 (그림에 없는 부분을 생각해본다)	• 신사가 쥔 주머니 속에 난쟁이 요정이 살고 있다.
사건을 생각한다 (세부 묘사에서 시대 배경 등을 포착한다)	• 신사가 쓴 실크햇, 할아버지가 쓴 베레모는 1800년대 서양 문화권, 특히 유럽에서 보편적인 모자였다.
자신의 주제를 생각한다 (원래 내용이나 주제가 아닌 부분을 주목한다)	• 무엇이든 황금으로 바꾸는 마술사
대사를 상상한다 (마음속의 혼잣말을 말풍선으로 상상해본다)	• '자, 이제 눈을 뜨셔도 됩니다.' • '어머나! 구두에서 빛이 나요!'
그림 속에 들어간다 (풍경 속의 빛과 바람, 온도와 습도, 소리와 냄새를 느낀다)	• 긴소매와 숄을 입은 것을 보면 서늘하다. • 낡은 벽이나 탁자로 보아 넉넉지 않은 형편이다. • 나무와 가죽 향이 짙게 난다.
어떤 질문이 가능한지 생각한다	• 비교적 알이 작은 안경이 유행이었을까?

⑤ 바라보기가 끝나면 일단 책을 덮고 여러 가지를 상상해보자

표지에서 마지막에 이르기까지 실린 그림 또는 키워드를 서로 묶어서 연상하거나, 문맥의 배후에 있는 세계를 상상해보거나, 책의 주제와 자신의 상상을 결합하는 등 조금 시간을 들여서 자유자재로 사고해보자.

혹시 친구나 동료와 함께 책을 읽는다면, 각자 책을 바라보며 느꼈던 점과 상상했던 점을 이야기해본다. 같은 그림이나 사진을 보고 완전히 다른 발상을 한 경우에는 왜 그렇게 느꼈는지 생각을 나누자. 그렇게 하면 자신과 상대방이 생각할 때의 버릇과 경향을 알 수 있다.

색색의 책 표지는 바라보기만 해도 치유가 된다. 아무 생각 없이 멍하니 책을 바라보는 일에도 의미가 있다.

독서를 권장하는 이유

요즘에는 SNS 등의 미디어를 통해 언제 어디서나 원하는 지식을 쉽게 얻을 수 있다. 그러나 나는 글을 읽는 일은 그 이상의 의미가 있으며 사람의 마음을 성장시켜 준다고 생각한다.

중요한 것은 '쉽게 지식을 얻는 일'이 아니라 '지식을 얻는 과정'이다. 가령 트위터에서 누군가가 한두 줄의 짧은 글로 자신의 의견을 주장하면, 그 사람의 생각의 깊이나 성격까지 읽어낼 수는 없다.

그 대상이 성립한 과정을 이해하는 데 시간을 아끼지 않아야 한다고 생각한다. 수학으로 예를 들면 방정식을 외움과 동시에 그 방정식이 어떻게 도출되었는지도 이해해야 한다. 그렇게 깊이 있는 지식을 얻는 데는 독서가 적합하다. 아르바이트로 바쁜 학생들은 시간을 아끼고 싶을 수도 있지만, 독서를 하면 아이디어를 이끌어내는 능력이 길러져서 장래에 반드시 도움이 될 날이 올 것이다.

책 보기와 SNS 보기의 예

2장

경청하기

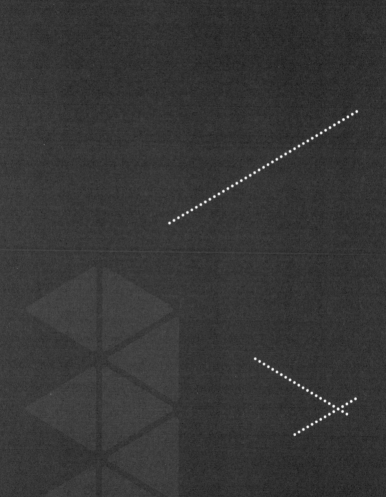

이야기를 빈틈없이 듣는 법

듣기란 누군가가 이야기할 때 그저 조용히 있는 '수동적'인 행위일까?

가만히 듣고 있는 사람도 사실은 부분적으로만 듣거나, 내용을 판단하는 등 의식이 자기 자신을 향해 있어서 상대방의 이야기에 집중하지 못하곤 한다. 듣기에도 '능동적으로' 임할 필요가 있다.

다른 사람의 이야기를 제대로 듣는 일에 서투르면 잘못 기억하거나, 핵심을 벗어난 의견을 내놓거나, 어떤 말을 했느냐 하지 않았느냐를 놓고 무익한 논쟁을 벌이는 문제가 일어난다. 이런 일이 반복되면 효율이 떨어지는 것은 물론 자기 자신의 지적 성장이 방해받게 된다.

의식이 자기 자신을 향하는
문제를 막을 것

'다른 사람의 이야기를 빠짐없이 모두 이해하기'는 쉽지 않다. 산업심리상담사인 오노 모에코에 따르면 타인의 이야기를 집중해서 듣지 못하는 가장 큰 원인은 이야기를 듣는 도중에 의식이 자기 자신을 향하는 데 있다고 한다. '나라면 이렇게 말하겠지' '파워포인트 잘 만들었네' 등 상대방의 이야기 도중에 이러저러한 생각이 떠오르는 것이다. 뭔가를 들을 때 수많은 감정과 생각이 잡음처럼 섞여서 집중이 끊긴다.

또 노사관계를 전문으로 하는 기업 컨설턴트 제임스 헌터에 따르면 사람은 일반적으로 말보다 4배 빠르게 생각한다. 헌터는 적극적으로 듣기 위해서는 수업이나 회의에서 다른 사람의 이야기를 들을 때 '마음속의 대화를 잠재우는 훈련'이 필요하다고 말한다.

섀도잉의 4가지 핵심

그러면 마음속의 잡념을 없애고 적극적으로 듣기 위해서는 어떻게 해야 할까?

초보적인 방법으로는 메모가 있다. 하지만 듣기 집중력을 그보다 더 높이는 방법으로 나는 '섀도잉(shadowing)'을 권한다. 섀도잉은 외국어 동시통역사가 마치 화자가 된 듯 말하기 위해 실시하는 훈련 중 하나다. 통역 전문가는 단순히 통역만 하는 것이 아니라 화자의 말 속에 담긴 감정을 읽어내고 적절한 말로 바꿔 전한다. 거기에는 네 가지 핵심이 있다.

· 화자의 말

· 목소리의 높낮이

· 목소리의 강약

· 호흡

이 점들에 초점을 맞추며, 들은 그대로 말하는 연습을 하면 이야기를 듣는 집중력이 확실하게 높아진다. 실제로 섀도잉을 해보면 다른 생각을 할 틈이 없음을 잘 알게 된다.

3인 섀도잉을 해보자

세 명이 섀도잉을 실시하며 듣기 능력을 기르는 연습을 소개한다. 우선 다음과 같이 역할을 정한다.

- 화자
- 실제 청자
- 섀도잉 청자

그리고 다음과 같은 연습을 15분 정도 실시한다(한 단계에 5분씩).

○ 화자는 자신이 선택한 주제를 이야기하고, 실제 청자는 가능한 한 정확하게 듣는다. 섀도잉 청자는 이야기의 내용뿐 아니라 화자의 어조와 표정 등을 자세히 살피며 감정을 읽어낸다.

○ 실제 청자와 섀도잉 청자가 화자의 반응에 대해 서로 다르게 느낀 부분을 이야기한다.

○ 마지막으로 말과 감정을 얼마나 정확하게 읽어냈는지 3명이 함께 확인한다. 듣는 자세가 좋았었는지도 확인한다.

3인 섀도잉을 하다 보면 가령 섀도잉 청자가 '실제 청자의 답변은 적절하지 않았다'고 느꼈는데, 화자가 '실제 청자가 정확했다'고 말해서 놀라기도 한다. 그 반대의 경우도 있다. 실제 청자와 섀도잉 청자의 듣기 사이에서 큰 차이가 자주 발견된다.

섀도잉을 통한 인풋 효과

제 2언어의 습득을 연구하는 가도타 슈헤이는 섀도잉의 효과 중 하나로, 청해 능력을 높이는 '인풋 효과(Input Effect)'를 든다. 그는 섀도잉을 통한 인풋 효과는 다음의 4단계를 거쳐 일어난다고 밝혔다.

① 섀도잉의 훈련
② 따라 말하는 능력의 발달

③ 발음 속도가 빨라짐
④ 청해 능력의 향상

상대방이 이야기할 때 정보로 들어오는 음성을 따라하고 재현하면 자신이 들은 음성을 포착하는 능력이 발전하며, 이를 반복해 연습할수록 결과적으로 말을 듣고 이해하는 청해 능력이 길러진다는 것이다.

섀도잉은 동시통역사의 필수 훈련이다.

귀로 기억하는 능력을 기른다

내가 일하는 도쿄 외국어 대학교에는 언어가 전문 분야인 교수와 언어에 관심이 있는 학생이 많이 모여 있다. 그중에는 여러 언어에 정통하고, 새로운 언어도 독학만으로 단기간에 정복하는 사람들도 있다.

그런 사람에게 어떻게 언어를 공부하는지 질문한 적이 있는데, '우선 음성을 통해 귀로 기억하고, 글씨는 나중에 눈으로 보고 기억한다'고 한다. 또 '책을 읽으면 글씨가 머릿속에서 음성이 되고, 그 과정을 통해 이해한다'고 한다. 글씨와 지식이 머릿속에서 음성으로 변환되는 것이다.

옛날부터 인간의 지식은 귀에서 귀로 전달되었다. 청각

을 통한 기억력은 인류의 역사에서 시각과 마찬가지로 중요한 역할을 했다고 할 수 있다. 컴퓨터와 3D 영상의 진보로 인해 시각으로 정보를 기억할 기회가 늘어났으나, 그렇다 해도 청각으로 기억하는 능력을 기를 필요가 있다. 중요한 시험이나 프리젠테이션을 위해 무언가를 기억해야 할 때 모든 것을 눈에 보이는 형태로 준비하는 데에는 한계가 있기 때문이다.

기억력이 좋은 사람은 지식과 정보에 대해 '자기 나름의 듣기 방법'을 가지고 있다.

듣기 능력과 기억은 어떤 관계가 있을까

듣기 능력과 기억의 관계에 대해서는 주로 뇌과학과 인지심리학의 분야에서 연구가 이루어지고 있다.

○ **모달리티 효과**(the Modality Effect)

'모달리티 효과'는 실험심리학 용어이며, 정보를 어떻게 제시하느냐에 따라 기억과 학습이 달라진다고 설명한다. 1999년 교육심리학자 모레노와 메이어가 실시한 연구에서는 시각이 아닌 청각적 방법으로 정보가 제시될 경우, 정보를 기억할 때 뇌가 받는 부담이 줄었다.

　구체적으로는 특히 단기 기억력의 경우 청각적으로 제시된 지식과 정보는 시각적으로 제시된 것보다 상기하기 쉽다는 자료가 있다.

○　청각영역

뇌과학에 따르면 해마는 귀와 눈에서 뇌로 유입된 정보를 모아, 정리하고 기억하는 역할을 담당한다. 이 해마는 '청각영역'과 강한 연관이 있다. 뇌를 MRI 촬영으로 살폈을 때 청각정보를 처리하는 영역이 여러 갈래로 뻗어나가 발달해 있으면 듣기 능력이 발달한 것이라고 한다.

　타인의 이야기를 들으며 지식을 얻는 상황에서 다음과 같은 상태가 나타나면 주의가 필요하다.

- 다른 사람이 이야기하고 있는데 딴생각을 한다.
- "한 번 더 말해 주실래요?"라고 묻는 경우가 많다.
- 말로 지시를 받았을 때 잘 기억하지 못해서 따르지 못한다.
- 상대방의 목소리가 작으면 알아듣지 못하는 경우가 많다.
- 음악이나 라디오 듣는 일을 싫어한다.

○　서술기억과 절차기억

뇌과학에 따르면 완전히 새로운 것보다 이미 알고 있는 무언가와 관련된 것이 기억 속에 더 쉽게 정착한다. 그러므로 새로운 정보를 이미 알고 있는 정보(노래의 멜로디 등)와 결합하면 '관련 정보'로 처리되어 더 쉽게 기억에 남는다.

　　지식과 정보가 뇌에 정착해서 잘 잊히지 않게 되면 '장기기억'이 된다. 장기기억에는 '서술기억'과 '절차기억'이라는 두 종류가 있다. 간단히 설명하면 다음과 같다.

- 서술기억 → 말로 설명할 수 있는 기억
- 절차기억 → 말로 설명할 수 없으나 재현할 수 있는, 이른바 '몸이 기억하는 상태'

　　구체적으로 말하면 멜로디를 붙여서 들으며 기억한 것은 '절차기억'으로 분류되어, 스케이트나 수영과 같은 스포츠, 자동차 운전 등과 똑같은 메커니즘으로 오랫동안 기억된다.

듣기 능력을 기르는 3가지 훈련

그러면 어떻게 해야 듣기 능력을 기를 수 있을까?

기억력을 높이기 위해 분투하기보다는 자기 나름의 듣기법을 체득해보자. 듣기 능력을 기르는 세 가지 훈련을 소개하겠다.

○ **셀프 렉처(Self-Lecture)**

셀프 렉처는 자기 자신을 가르치는 공부법이다. 듣기 능력을 기르는 셀프 렉처 방법으로는 수업을 들을 때 선생님이 이야기하는 방식을 그대로 재현한다는 생각으로 듣고, 나중에 소리 내어 재현해보는 것이 있다. 마치 그 선생님이 된 것처럼 몸짓과 손짓을 섞어 가며 똑같이 말해본다. 뉴스 내용, 연예인의 재미있는 이야기를 따라하는 것도 연습이 된다. 이 방법을 이용하면 자신의 목소리를 자신이 듣는다는 점에서 청각 기억이 향상된다.

○ **빨리 듣기**

듣기 능력이 발전하지 않는 이유 중 하나로, 단순히 상대방이 말하는 속도가 빨라서 따라잡지 못한다는 문제가 있다. 예컨대 1분에 400~600글자의 속도로 말하는 일본인은 특히 발화 속도가 빠르고 한국인도 중상위권에 속한다는 연구가 있을 정도로, 그 내용을 모두 알아듣기는 어렵다.

유튜브 영상, 온라인 학습이나 음성 학습은 빠른 재생이 가능하므로 반복해서 들으면 좋은 연습이 된다. 익숙해지면 세 배속으로 속도를 높여보자.

○ **노래 암기**

'노래로 바꿔 기억하기'의 유용성에 대해 다양한 분야에서 연구가 진행되고 있다. 기억할 내용에 기존의 멜로디를 붙여서 외우면 단순히 소리 내어 외울 때보다 더 기억하기 쉽고 즐겁다. 그래서 교육 현장에선 이미 이 방법이 널리 퍼져 있으며 의욕과 동기부여의 측면에서도 효과적이라고 알려졌다. 나의 경우 옛날 노래나 최신 가요를 사용하기도 하고, 유학생들은 세계적으로 잘 알려진 멜로디를 활용하는 등 흥미로운 부분이 많다.

여담이지만 나는 수업을 대비해 입이 잘 움직이도록 매일 '우이로우리(外郎売)'를 외고 있다. 우이로우리란 가부키(16~17세기 일본의 전통연극-옮긴이) 대본을 바탕으로 만든 대사로, 알아듣기 힘든 옛날 말로 쓰여 있는 데다 문장이 길어서 읽거나 외우는 일은 매우 어렵다. 내 경우 우이로우리를 글로 읽지 않고, '소리로 몇 번이고 듣고 되풀이해 말하기'로 암기했다. 이는 발성 및 발음 연습 등에도 도움이 된다.

노래 암기로
기억력을 향상시키자

익숙한 멜로디를 이용해서 암기하는 연습을 해보자. 다음과 같은 순서로 실시한다.

① 마음에 드는 곡을 준비한다

이미 머릿속에 있는 소리와 연결하는 일이 이 방법의 기본이므로, 언제나 떠올릴 수 있는 익숙한 곡을 선택하자.

② 외우고 싶은 내용에 그 곡의 멜로디를 붙인다

역사나 화학기호 등 외우고 싶은 지식이나 정보를 노래의 가사와 바꾸어 넣는다. 한국에는 100명이나 되는 위인을 쉽고 즐겁게 외울 수 있는 〈한국을 빛낸 100명의 위인들〉이란 노래가 있으며, 봉준호 감독의 영화 〈기생충〉에서는 등장인물이 외워야 할 "제시카, 외동딸, 일리노이 시카고, 과 선배는 김진모…"라는 긴 내용에 익숙한 멜로디를 차용하는 장면을 볼 수 있다.

③ 노래를 몇 번이고 반복한다

우선은 글씨를 신경 쓰지 말고 소리로 기억하자. 소리로 외우고 나서는 소리와 글씨를 서로 정확히 맞춰 본다.

인터넷을 검색해보면 노래 암기와 관련된 좋은 멜로디와 관련 서적을 많이 찾을 수 있다. 노래를 흥얼거린다는 느낌으로 재밌게 지식을 습득하자.

언어의 임계기와
영아가 말을 알아듣는 능력

제 2언어 습득론의 연구에 따르면 사람이 언어를 습득하는 데 알맞은 기간의 한계를 '임계기'라고 하며, 임계기를 넘어가면 새로운 언어의 습득이 어려워진다고 한다. 이 임계기가 언제인지에 대해서는 여러 설이 있는데, 사춘기(대략 만 17세)까지라는 설이 유력하다. 일반적으로는 만 7세까지 흡수한 언어는 모국어 못지않게 구사할 가능성이 높다. 그야말로 자신도 모르는 채 진행된 섀도잉이다.

워싱턴 대학교의 학습뇌과학연구소 소장 패트리시아 쿨은 생후 6개월인 영아가 말소리의 변화에 반응할 수 있는지 실험했다. 그 결과에 따르면 영아는 국어 외의 언어라도 말소리의 변화에 반응할 수 있다.

또 쿨의 실험에 따르면 생후 6~8개월인 일본인 영아는 영어의 'R'과 'L'의 발음을 구분할 수 있다. 그러나 이후 성장하면서 모국어를 효율적으로 습득하기 위해 주변에서 들리는 모국어 음성에 대한 정보를 처리하고, 모국어에 불필요한 소리를 버린다.

영아라도 소리를 예민하게 구분한다.

릴레이 스피치로
이야기를 정확히 듣는 능력을 연마한다

일본의 문화청이 매년 실시하는 '자국어에 관한 여론조사'에 따르면 '다른 사람의 이야기를 들을 때 그 사람이 말하고자 한 내용과 자신이 이해한 내용 사이에 차이가 있었던 경험이 있습니까?'라는 항목에서 60퍼센트 넘는 사람들이 '그렇다'고 응답했다(2012년). 연령별로 보면 20대 이하에서는 80퍼센트 전후, 30~50대에서는 70퍼센트 전후, 60대 이상에서는 약 60퍼센트였다. 취학 연령인 젊은 세대로 갈수록 상대방의 이야기를 잘못 이해한다는 뜻이다.

그 원인 중 하나로 자기주장만 있고 상대방의 이야기는 잘 듣지 않는 점을 들 수 있다.

듣기 능력의 3단계

경청하는 일은 서로 간의 이해와 존중, 생각의 변화, 화자와 청자 쌍방의 자기 발전으로 이어진다. 그 인식을 바탕으로 비교교육학에서는 듣기 능력을 '수용' '이해' '발신'이라는 3단계로 나누고, 각 단계에서 필요한 능력을 다음과 같이 정의한다.

① **수용**(귀로 듣기) **단계**
상대방의 이야기를 듣는 행동 능력(동작, 표정, 시선, 태도)

② **이해**(알아듣기) **단계**
이야기의 내용을 정확하게 알아듣는 능력

③ **발신**(되묻기) **단계**
들은 내용을 바탕으로 자기 나름의 감상이나 의견을 말하는 능력

'듣기 능력'은 그저 상대방의 이야기에 귀를 기울이는 데서 끝나는 것이 아니라, 들은 내용에 대해 질문하거나 의

견을 말하는 등의 표현 활동까지 포함한다.

릴레이 스피치로
대화의 리듬을 몸에 익히자

듣기 능력의 3단계를 바탕으로 자연스럽게 대화의 리듬을 몸에 익히는 방법 중 '릴레이 스피치'가 있다. 릴레이 스피치란 3~4명 정도가 모여 원하는 주제를 하나 선택하고, 거기에 대해 마치 이어달리기를 하듯 한 사람씩 이야기하는 활동이다. 앞사람의 이야기를 제대로 듣지 않으면 자신의 순서에서 이야기가 이어지지 않는다.

순서는 다음과 같다. 처음부터 매끄럽게 이어 나가려고 애쓰지 말고, 게임하는 느낌으로 즐기면서 따라 해보자.

① 첫 번째 사람이 1분 동안 자신이 하고 싶은 이야기(취미, 친구, 동아리 활동, 일 등)를 한다
(정확히 1분이 되었을 때 이야기를 중단한다)

② 두 번째 사람은 앞사람의 이야기를 정확히 전달하고, 거기에 이어서 마찬가지로 1분 동안 이야기한다
(다음 사람도 이렇게 한다)

94

③ 마지막 사람의 이야기가 끝나면 첫 번째 사람이 모든 이야기를 요약하고 감상을 말한다

익숙해지고 나면 다음과 같이 변화를 주어 더 높은 난도로 즐길 수 있고, 상상력과 표현력도 더욱 높일 수 있다.

- **참가하는 구성원들의 나이와 성격에 변화를 준다.**
- **한 사람이 이야기하는 시간을 2분, 3분으로 늘려나간다.**

듣기 연습을 할 상대를 찾지 못했다면 TV나 유튜브에서 다른 사람들이 대화하는 모습을 잘 관찰해보자.

'한 사람은 어떤 동작을 하고, 그때 나머지 한 사람은 어떤 동작을 하는가?'

'두 사람이 이야기를 나누면서 서로에 대해 얼마나 반응하는가?'

이러한 점 등을 관찰하면 듣기 능력의 핵심을 이해하게 된다.

다른 사람의 이야기를 잘 연결하는
5가지 비결

릴레이 스피치에서 앞사람의 이야기를 잘 연결하는 비결에는 다음과 같은 것들이 있다.

- 키워드를 포착해서 이야기한다.
- '가령……' 하고 구체적인 예를 든다.
- '반대 입장에서 생각해보면……' 하고 새로운 관점에서 이야기한다.
- 문제점을 조명하고 개선 방법을 최대한 제시한다.
- 상상력을 동원해 화제를 확장한다.

다음 사람은 앞사람의 이야기를 집중해서 듣고 거기서 이야기를 더 전개하기 위한 경청의 자세를 배운다. 또 처음부터 끝까지 하나하나 메모하지 않더라도, 중요한 키워드와 구체적인 사례만 찾아낼 수 있다면 듣기의 요령을 익힐 수 있다.

대화를 매끄럽게 진행시키는 요령

매끄러운 대화를 스포츠에 비유하면 마치 공을 주고받는 일과 같다. 활발한 소통 속에서 협력 관계를 구축하기 때문이다.

'이 사람은 받기 쉽게 공을 던지는구나.'

'내가 어떻게 던져도 잘 받아주네.'

상대방이 그렇게 생각하면 대화의 공도 매끄럽게 주고받을 수 있다. 안심하고 이야기할 수 있다고 느끼면 양질의 대화가 가능해진다.

그러나 실제 대화에서는 생각해야 할 부분이 너무 많아서 까다롭다.

'상대방의 이야기를 제대로 들었는가?'

'대답은 어떻게 할 것인가?'

'상대방에게 상처를 주지 않았는가?'

들을 문(聞)에는 문 문(門)의 가운데에 귀 이(耳)가 들어 있다. '문을 닫고 귀를 쫑긋 세운 상태'다. 대화가 원활하게 이루어지기 위해서는 상대방의 말을 잘 들어야 한다. 그때 중요한 부분은 다음과 같다.

- **상대방에게 관심을 쏟는다.**
- **상대방이 어떤 기분으로 이야기하고 있는지 느낀다.**
- **상대방이 어떤 내용의 이야기를 좋아하는지 생각한다.**
- **어떤 말을 하면 상대방이 좋아할지 생각한다.**
- **어느 정도의 빠른 속도까지 상대방이 받아줄지 생각한다.**

이 점들을 의식하면 대화가 잘 진행될 것이다.

경청을 위해
상대방과 라포를 형성하자

통계에 따르면 사람은 전체 커뮤니케이션 중 듣기에 65퍼센트의 시간을 할애한다(말하기는 20퍼센트, 읽기는 9퍼센트, 쓰기는 6퍼센트). 그러나 상대방의 이야기를 그저 멍하니 듣는 일과 주의 깊게 듣는 일은 천지 차이다.

영어에서 '듣다'를 뜻하는 말에는 hear와 listen이 있는데, 원어민은 이 두 단어를 상황에 따라 구분해서 사용한다. hear는 그저 자연스럽게 소리가 귀에 들어오는 경우, 우연히 듣게 되는 경우에 쓴다. 한편 listen은 집중해서 정보를 듣고 이해하는 경우, 다시 말해 적극적으로 귀를 기울이는 경우에 쓴다.

그저 상대방의 이야기를 듣기만 하는 것이 아니라 상대 방의 사고방식과 세계관을 깊이 이해하고 좋은 인간관계를 쌓기 위한 기술을 '경청'이라고 한다. 경청을 위해서는 상대 방이 편안하게 느끼는 단어와 어구를 사용하거나, 상대방과 비슷한 몸짓을 함으로써 라포를 구축하는 일이 중요하다. 라 포(rapport)는 프랑스어로 '가교'라는 뜻으로, 심리요법 분야 에서는 '친밀한 관계' '신뢰 관계' 등을 의미한다. 구체적으로 는 두 사람이 서로 다음과 같이 느끼는 상태일 때 라포가 형 성되었다고 한다.

'마음이 서로 잘 맞아.'

'내 이야기를 충분히 이해하는구나.'

'함께 있어서 즐거워.'

로저스의 3원칙과
라포 형성을 방해하는 3가지 행동

경청은 미국의 심리학자이며 상담의 기초를 마련한 칼 로저 스(Carl Rogers, 1902~1987)가 주장한 개념이다. 로저스는 상담 사례를 분석한 결과, 이야기를 들을 때는 세 가지 원칙이 있다고 말했다.

○ **자기일치**

이야기를 듣고 이해가 되지 않는 부분이 있으면 가만히 있지 않고 되묻는다. 항상 진지한 태도로 상대방의 진의를 이해하려 한다.

○ **공감적 이해**

상대방의 입장이 되어 이야기를 듣는다.

○ **무조건의 긍정적 배려**

선악이나 호오를 기준으로 평가하지 않고 긍정적인 관심을 가지고 듣는다.

상대방의 이야기를 잘 들었다고 생각해도 실제로는 엉뚱한 대답을 해서 라포 형성을 저해할 가능성이 있다. 가령 다음과 같은 경우를 생각할 수 있다.

○　　키워드를 잘못 받아들인다

   A　"슬슬 데스크톱 컴퓨터를 살까 싶은데, 어느 회사 제품이
　　　좋을까?"

   B　"요즘 데스크톱을 쓰는 사람이 줄어드는 것 같아. 앞으로
　　　는 태블릿의 시대야. 기능성도 좋고, 들고 다니기도 편리하
　　　고."

이 대화의 경우 B는 A의 질문에서 '데스크톱'이라는 키
워드만 듣고, 상대방이 원하는 대답과는 완전히 다른 대답을
하고 말았다. A의 논점은 '데스크톱을 구입해야 할까'가 아니
라 '어느 회사의 제품을 사야 할까'이다. 이처럼 이야기의 논
점을 놓치면 상대방의 이야기를 듣고 있었다고 할 수 없다.

○　　**부적절한 방식으로 질문한다**

대화를 하다 상대방에게 다음과 같이 질문하면 불쾌감을 주
게 된다.

- **애매한 질문을 한다.**
- **상대방이 원하지 않는 '빗나간 질문'을 한다.**

- 중복되는 질문을 너무 많이 한다.

○ **이야기의 흐름을 끊는다**

대화 도중에 자신의 의견이나 자랑을 곁들여 상대방의 말을 가로채면 상대방은 이야기할 의욕이 떨어진다. 또 펜을 만지작거리거나 다리를 떠는 등의 행동도 신뢰 관계를 쌓을 때 방해 요인이 된다.

라포를 형성하는 4가지 기술

그러면 상대방이 '내 이야기를 잘 들어주는구나'라고 느끼도록 라포를 형성하려면 어떻게 해야 할까?

우선 로저스의 3원칙에도 있듯 상대방의 사고방식과 가치관을 존중하는 일이 중요하다. '상대방을 내 뜻대로 움직이고 싶다' '내 생각을 이해시키고 싶다'는 감정이 강하면 라포를 형성하기 어렵다.

그리고 라포 형성에는 '유사성과 동조(同調) 행동의 법칙'이 작용한다. 자세가 비슷하거나 몸짓 등의 행동이 일치하면 자신과 상대방 사이에 일체감이 생기나 서로 편안함을 느끼게 된다. 라포가 형성되면서 유사성과 동조성은 또 한번 높아진다고 한다. 다음의 4가지 기술을 효과적으로 활용하면 상대방의 이야기를 경청하는 자세가 확실하게 전달된다.

○ **미러링**(mirroring)

상대방의 몸짓과 자세를 마치 거울(미러)처럼 흉내 내서 동조 의식을 높이는 일이다. 가령 대화 중에 상대방이 커피를 마시기 시작하면 나도 커피를 마신다. 오랜 부부나 사이좋은 커플의 행동을 잘 관찰하면 자연스러운 미러링이 발견되는 경우가 많다.

○ **페이싱**(pacing)

상대방의 말투, 빠르기, 리듬에 맞추는 기술이다. 상대방이 천천히 말하면 나도 천천히 말하고, 상대방의 말이 빠르면 나도 거기에 맞춘다. 상대방의 어깨와 가슴의 움직임을 주목하면 리듬을 맞추기 더 쉽다고 한다.

○ **캘리브레이션**(calibration)

말 외의 부분을 측정(calibrate)하여 상대방의 심리 상태를 이해하는 방법이다. 단서로는 다음과 같은 것들이 있다.

- 자세

- 호흡

- 표정

- **목소리의 톤**

예를 들어 상대방이 피곤한 상태라면 입으로는 "괜찮아요"라고 말해도 목소리의 톤이나 안색 등에 피곤한 기색이 역력할 수 있다. 이런 신호를 읽어내고 "안색이 좋지 않으신데 잠깐 휴식을 취할까요?" 등 배려하는 말을 건네면 상대방의 신뢰를 얻을 수 있다.

○   **백트래킹**(backtracking)

소위 '앵무새처럼 따라 하는' 것이다. 상대방이 한 말을 따라 함으로써 상대방의 이야기를 수용하고 있다는 느낌을 줄 수 있다. 특히 상대방이 '이 이야기를 들어줬으면 좋겠다'라는 생각으로 이야기하고 있을 때 효과적이다. 백트래킹에 대해서는 다음 부분에서 더 자세히 설명하겠다.

걸으며 경청하며 라포를 쌓아보자

일상생활 속에서 아주 자연스럽게 '페이싱' '캘리브레이션' '미러링'을 실시하는 연습을 해보자. 친한 친구, 동료, 가족 등과 함께 걸을 때 다음과 같이 해본다.

○ **걸으며 미러링**

상대방과 조금 거리를 유지하며 우선 걸음을 맞춰본다. 팔을 흔드는 방법, 다리를 뻗는 정도, 보폭 등을 가능한 한 비슷하게 해보자.

○ **걸으며 페이싱**

상대방이 걷는 리듬을 파악하고 나도 그 리듬대로 걷는다. 그때 마음속에서 상대방의 걸음걸이를 '터벅, 터벅, 터벅' 하고 헤아리면 리듬을 맞추기 쉽다. 걸음의 리듬이 상대방과 맞아 들기 시작하면 이야기를 들을 타이밍과 말을 할 타이밍을 이해하게 된다.

○ **걸으며 캘리브레이션**

동작이나 발걸음을 맞추면서 그때 상대방이 어떤 기분일지 생각해보자. 이야기를 잘 듣고 상대방 목소리의 톤과 억양 등에 맞춘다. 그리고 대화의 내용에 따라 적절한 말로 대답한다.

라포 형성 시 주의점

라포를 형성하는 기술을 실천할 때 주의할 점이 두 가지 있다.

○ **지나치게 많이 활용하지 않는다**

미러링 등 따라하는 행동을 일부러 실시하고 있단 걸 상대방이 느끼게 되면 불쾌해하는 경우가 있다. 언제나 자신에게 자연스럽게 어울리는 라포 형성을 목표로 삼자.

○ 부정적인 부분은 흉내 내지 않는다

경우에 따라서 상대방은 팔짱을 끼는 등 벽을 만들어 스스로를 보호하는 닫힌 자세를 취한다. 이때 미러링으로 나도 팔짱을 끼면 오히려 상대방을 불쾌하게 만든다. 또 "아니" "그래도" 등 부정적으로 받아들여지기 쉬운 말, 한숨을 쉬거나 시계를 힐끔힐끔 보는 등의 행동도 따라 하면 역효과가 나므로 주의가 필요하다.

백트래킹으로 귀 기울여 듣는
자세를 보여준다

미국 대학원에서 커뮤니케이션학 수업을 듣던 때의 일이다. 영어가 서툴러서 수업 중 다른 학생들이 말하는 속도를 못 따라가는 고충을 교수님에게 상담한 적이 있다. 문득 정신을 차려 보니 30분 정도 푸념을 했던 것 같은데, 그동안 교수님은 나의 이야기에 계속 귀를 기울이고 가끔 내 말을 짧게 반복했다. 그리고 마지막으로 긴 상담 내용을 아주 짧게 정리하고 정확한 조언을 했다. 그때 마음이 차분해지고 편안함을 느꼈던 것을 기억한다.

이처럼 상대방의 이야기를 짧게 반복하며 귀 기울여 듣는 자세를 보여주는 방법이 백트래킹이다.

백트래킹과 상호성의 원리

백트래킹은 '반사(reflection)'라는 심리적 기법을 이용해 상대방의 말을 그대로 반복하는 것이다. 다음과 같은 점에서 효과가 크다고 한다.

- **상대방이 자신의 감정을 알고 이해한다.**
- **청자가 화자의 기분을 이해한다.**

경청의 30퍼센트 정도가 백트래킹에 달려 있다고 할 정도다.

백트래킹을 통해 인간관계가 깊어지는 이유는 '상호성의 원리'가 작용하기 때문이다. 상호성의 원리란 타인이 자신에게 무언가를 베풀었을 때 거기에 보답해야 한다고 느끼는 심리 작용이다. 인간이 원래 가지고 있는 '의리' '고마움'이라고 생각할 수 있다.

자신이 한 말을 상대방이 반복하면 인정받았다는 느낌이 들고, 그 보답으로 호의적인 심리가 생겨난다는 것이다.

백트래킹의 기술

백트래킹의 기술은 기본적인 것에서 발전된 것까지 다양하다.

○   **상대방의 감정을 그대로 돌려준다.**

대화 중에 상대방이 희로애락의 감정을 나타낼 경우 "기뻤구나" "슬펐구나" 등 감정을 나타내는 말로 화답하면 상대방과의 사이에 공감이 싹튼다.

 화자 "어제 면접을 잘 못 봐서 우울해."

청자 "우울하구나."

청자가 주관을 전혀 개입시키지 않고 상대방의 감정에 100퍼센트 동조한 상태다. 그때 대화 내용에 표정도 맞춘다. 긍정적인 화제에는 웃으며 답하고, 부정적인 내용에는 걱정하는 표정으로 답하면 효과적이다.

○   **긍정적인 화답**

백트래킹은 적절히 실시하면 문제가 없지만 너무 많이 실시하면 상대방이 어색한 느낌을 받을 수 있다. 또 백트래킹만으로는 말에 깊이가 없는 경우도 있다. 그때 상대방의 말을 따라 한 후 거기에 대한 긍정적인 말을 더하면 대화가 원활해진다.

 화자 "외국 유학은 정말 좋은 경험이었어요."

청자 "확실히 좋은 경험이지요. 자신의 어학 실력을 시험하고, 다른 문화도 배울 수 있으니까요."

○ **요약**

상대방의 이야기가 길어질 때는 상대방이 다소 차분해질 때까지 기다렸다가 이야기를 요약해서 "다시 말해 ○○라는 거군요" "그렇군요, ○○라고요" 등으로 마치 확인하듯 말한다.

 화자 "사실 요즘 동아리 활동에 의욕이 없어요. 공부 때문에 바쁘기도 하지만, 제가 정말로 하고 싶은 활동인지 진지하게 돌아볼 여유가 없어서. 긍정적으로 생각하고 싶지만 그게 잘 안 돼요⋯⋯."

청자 "그렇군요. 더 긍정적으로 생각하고 싶어도 그게 잘 안 된다고요."

요약해 말함으로써 상대방은 자신의 감정을 다시 정리할 수 있으며, '제대로 전달되었구나' 하고 안심하게 된다.

요약할 때는 "~구나" "~인가요?" 등 부드러운 표현을 사용하자. 단순히 어미만 바꿀 것이 아니라, 청자의 입장이 되어야 효과가 있다.

대화를 요약하는 능력을 기르는 방법으로는 '××자로 요약하기'가 있다. 가령 동화를 100자 정도로 요약하고 소리 내어 말해보자. 또는 친숙한 옛날이야기나 애니메이션을 친구와 함께 요약하고 서로 말해본다.

○ **되돌려주기**

최근에는 마치 앵무새 같아 보일 수 있는 '따라 하기'보다 '되돌려주기'로 확인하는 방식이 주류가 되고 있다. 되돌려주기란 '상대방과 함께 이해하기'이다. 청자가 이야기를 들으며 이해한(이해했다고 생각하는) 내용이 화자의 의도에 부합하는지 확인하는 행위라고 할 수 있다.

내 경우 학생들이 논문 작성이나 진로에 대한 고민을 이야기할 때 10~20퍼센트는 학생의 말을 그대로 따라 하고, 80~90퍼센트는 나의 말로 바꾸어 되돌려준다.

백트래킹을 해보자

그러면 실제로 백트래킹을 연습해보자. 상대방의 말에 어떻게 대응할지 생각한다.

○ **따라 하기 연습**

（예）　**문제 1** "저는 교토 출신입니다. 역사적인 건축물이 많아서 좋은 곳이에요."

문제 2 "얼마 전 서울의 먹자골목에 다녀왔어요. 불고기가 무한리필이어서 배부르게 먹었죠!"

문제 3 "저는 오케스트라 동아리에 있었어요. 담당 악기는 플루트였습니다."

해답 예시는 아래와 같다.

문제 1 "건축물이 많은 곳이군요."
문제 2 "배부르게 드셨군요."
문제 3 "플루트를 연주하셨다고요."

○ **바꿔 말하기 연습**

문제 1 "요즘 카페에서 보고서를 쓸 때가 많아. 콘센트도 있고 노트북도 쓸 수 있어서 좋아."

문제 2 "집은 도쿄에 있어요. 도쿄라도 제가 사는 곳은 외곽이어서 꽤 넓죠."

문제 3 "요즘 조깅에 푹 빠졌어! 열심히만 하면 효과가 있으니까 의욕이 솟아."

해답 예시는 아래와 같다.

문제 1 "카페에 잘 가는구나. 집밖에서 공부하면 기분 좋지!"

문제 2 "대도시에 사시는군요. 외곽은 여유가 있죠."

문제 3 "운동은 중요하지. 열심히 하는구나! 효과가 있으면 동기부여도 되지."

문제 1 "요즘 유튜브를 자주 봐요. 좋아하는 코미디언의 영상을 공짜로 볼 수 있어서 좋더라고요! 유명한 곡을 리메이크하기도 하는데, 가수 못지않은 영상도 많이 올라와서 재미있어요."

문제 2 "올해 4월 테니스 동아리에 들어가서 이제 한 달이 조금 넘었는데, 벌써 동아리 활동이 싫어지고 있어요. 내가 공 주우러 여기 들어왔나 싶기도 하고, 앞으로 몇 달씩 이러고 있어야 하나 생각하면 마음이 무거워져요. 계속하다 보면 연습 내용이 달라진다는 걸 알긴 아는데, 다른 회원들 중에는 테니스를 아주 잘 치는 사람들도 있어서 그 속에서 같이 연습한다고 생각하면 불안해요. 그러다 보면 매일 연습에 집중하지 못하고 그저 집에 갈 때까지 시간만 죽인다는 느낌이죠. 그런데 그만둔다고 해도 그다음에는 뭘 해야 할지 모르겠어요. 일단은 초조해하지 말고 잘 생각해 보는 것이 좋을 것 같기도 하네요. 이런 저 자신이 싫어요."

해답 예시는 아래와 같다.

문제 1 "유튜브를 좋아하는군요! 코미디나 노래 영상을 공짜로 볼 수 있다는 건 매력적이죠."

문제 2 "아직 한 달밖에 안 지났지만 이런 일을 하러 들어온 게 아닌데 싶은 거군요……. 앞으로 여기서 잘해 나갈 수 있을지 모르겠고, 연습 내용이 달라진다는 걸 알아도 불안하고, 집중이 안 되고……. 초조해하지 말아야 한다는 생각도 있지만, 자기 자신이 싫다……. 그 마음, 잘 이해돼요."

백트래킹을 할 때의 핵심

백트래킹을 할 때의 핵심으로 아래의 여섯 가지가 있다.

- 상대방의 말을 가로막지 않고 끝까지 듣는다.
- 상대방의 느낌과 생각을 중시하고 거기에 동조한다.
- 적절히 고개를 끄덕이거나 맞장구를 친다.
- 이야기의 키워드를 되풀이해 말한다.
- 상대방의 이야기를 요약하고 확인한다.

- **상대방에게 공감한다.**

학교나 직장의 분위기를 좋게 만들고자 할 때, '말해도 괜찮다'는 안심감이 없으면 아무리 적절한 말과 자세한 설명이 있어도 효과가 낮다고 한다. 이야기를 들을 때는 이 여섯 가지 핵심을 명심하자.

백트래킹의 적절한 사용 분위기

3장

생각하기

아이스 브레이킹으로
사고를 유연하게

집단 간 축구 시합이나 오케스트라 연주에서는, 본격적으로 시작하기 전에 팀원 모두가 뻣뻣한 몸을 스트레칭하거나 악기를 조율하는 등 실력을 발휘하기 위한 준비를 한다.

마찬가지로 무언가를 생각하고 실천하기 위해서는 우선 '생각이 정리되지 않는 상태'(사고 정지 상태) 또는 '고정관념을 가진 상태'(사고의 경직)를 해소할 필요가 있다.

그러기 위한 방법이 '아이스 브레이킹'이다. 아이스 브레이킹(Ice Breaking)을 직역하면 '얼음을 깨다'라는 뜻이다. 긴장감이나 딱딱한 분위기를 얼음에 빗대어, 그것을 해소하고 분위기를 누그러뜨리기 위한 활동이다. 게임을 하거나 가벼운 대화에 노력을 들이면 그 자리에 있는 사람들의 긴장이 풀리고 이야기하기 쉬운 분위기가 형성되며, 그 후의 사고 활동이 원활해진다.

아이스 브레이킹의 효과와
3가지 요소

심리학자 쉴레와 스피박은 아동을 대상으로 사회적 문제 해결의 사고력을 연구한 결과, 아이스 브레이킹을 경험한 아동은 그렇지 않은 아동보다 문제를 해결할 때 타인에 대한 배려, 계획 과정의 합의, 난관의 예측, 시간의 고려에 대해 더 협동적으로 사고하고 유연하게 대처하는 경향이 있음을 발견했다.

특히 서로 협동하는 관계를 어려워하는 아동의 경우 취학 연령 때 아이스 브레이킹을 학습에 도입해서, 즐기며 협력하는 자세를 익히면 좋다고 한다.

기분전환 요소에 관한 연구에 따르면 아이스 브레이킹의 주된 요소는 세 가지다.

· 자기소개(자신을 열어 보여줌)

· 타자 인지(타인에 대한 관심의 환기)

· 공동작업(팀워크의 형성)

이제부터 내가 실제로 세미나와 워크숍에서 활용하는 아이스 브레이킹을 소개하겠다.

"사실은 ○○입니다"
자기소개

"사실은……"이라는 말로 자기소개를 시작한다. '사실은'을 붙이면 의외의 취미나 성격을 이야기하게 되므로, 인상적인 자기소개가 된다. 그것을 들은 사람들은 그 사람을 깊이 알게 된 듯한 기분을 느낀다. 아이스 브레이킹이 끝난 후에도 '매일 10킬로미터 조깅을 하는 오카다 씨'처럼 상대방을 확실히 기억할 수 있다. 또 스스로 정보를 제공하는 연습도 할 수 있다.

· 인원수: 2~10명

· 시간: 약 10~30분

○ 한 사람씩 "사실은"을 붙여 자기소개를 한다.

○ 자기소개를 들은 사람은 놀라거나 질문을 하는 등 최대한 반응을 보인다.

○ 자기소개가 끝나고 나면 궁금한 부분을 더 깊이 질문한다.

'언제, 어디서, 누가, 무엇을 했다'
타자 인지

'언제' '어디서' '누가' '무엇을 했다'를 각자 종이에 쓰고, 한 번 섞은 후 하나씩 선택해서 문장을 연결한다. 다른 사람이 무엇을 썼을지 예측하기도 하고, 재미있는 단어나 의외의 조합을 즐기며 커뮤니케이션할 수 있다.

· 인원수: 4 ~ 6명

· 시간: 30분 ~ 1시간

○ 준비한 종이에 '언제' '어디서' '누가' '무엇을 했다'를 쓴다. 한 사람이 하나의 범주를 담당해도 좋고, 각자 모든 범주를 작성해도 좋다.

○ 범주별로 종이를 모아서 섞는다.

○ 하나의 범주에서 종이를 1장씩 뽑아 순서대로 펼친다.

○ 범주를 연결해 문장을 완결해서 이야기한다.

'공통점 그랜드슬램'
공동작업

그룹을 이루어 공통점을 찾는다. 한 사람에게만 해당하는 것부터 모든 구성원에게 해당하는 것까지 다양한데, 전원 참가가 필수이므로 팀워크를 기를 수 있다. 그룹마다 각자 방법을 찾는다. 진행자를 결정하는 등 각 그룹이 선택한 방법을 관찰하면 나중에 활용할 수 있다.

· 인원수: 한 그룹에 4 ~ 6명

· 시간: 30분가량

· 물품: A4 용지, 필기도구(마커)

그룹 구성원들이 정보를 제공하며 공통점을 찾고, 발견한 공통점을 다음 장의 양식에 쓴다. 공통점을 찾는 방법은 각 그룹에 맡긴다.

구성원이 여섯 명일 경우 공통점이 전원에 해당하면 6점, 한 명에만 해당하면 1점을 매긴다. 인원수가 많아질수록 공통점을 찾기가 어려워진다.

진행자는 우선 '전원이 해당되는 공통점 찾기'를 돕는다. 공통점을 여러 개 발견하는 경우 그중 하나를 고를 필요는 없다.

공통점 그랜드슬램 용지

인원수	내용	점수
1명		
2명		
3명		
4명		
5명		
6명		
	합계 점수	

출처: https://www.ryoushuukan.com/common-point-grand-slam/

공통점 그랜드슬램은 발견한 공통점의 수를 겨루는 그룹 대항전의 형식으로 실시할 수도 있다. 그 경우 제한 시간을 길게 설정해서 가능한 한 많은 공통점을 찾도록 한다.

아이스 브레이킹에
필요한 요소와 피해야 할 요소

효과적인 아이스 브레이킹을 위해 필요한 요소와 피해야 할 요소가 있다. 이를 고려하며 아이스 브레이킹을 실시하자.

○ **필요한 요소**

· 누구나 우호적으로 대답할 수 있는 내용
· 취미, 스포츠, 기호 등 공통적으로 이야기할 수 있는 친근한 소재
· 웃음과 유머를 이끌어내는 화제

○ **피해야 할 요소**

· 상대방을 비판하거나, 상처 입히거나, 열등감을 느끼게 하는 대화
· 정치, 종교, 영업과 관련된 소재
· 개인의 용모나 신체와 관련된 소재

월러스의 '사고의 4단계'를
아이스 브레이킹에 도입한다

생각의 창의성을 높이기 위해서는 아이스 브레이킹을 통해 생각 과정을 돌아보는 일도 중요하다. 영국의 심리학자 그레이엄 월러스(Graham Wallas, 1858~1932)는 창의적인 아이디어를 떠올릴 때의 사고 과정에는 '준비 → 부화(품고 기다리기) → 계시(영감) → 검증'이라는 4단계가 있다고 주장했다. 나 역시 수업에서 아이스 브레이킹을 할 때 이 4단계를 실천한다.

월러스의 창의성 모델

준비　　　부화　　　계시　　　검증

① 준비(preparation)

과제에 대해 다양한 측면에서 서로 정보를 꺼내놓는다. 자신의 지식과 기술, 과거의 경험 등을 다각도의 관점에서 생각하거나 새로운 발상을 모색하는 식의 여러 이야기를 나눈다.

② 부화 = 품고 기다리기(incubation)

열심히 이야기를 하다가 아이디어가 더 이상 떠오르지 않거나 이야기가 막다른 길에 다다랐다고 느끼면, 얼핏 보기에 문제와 무관한 일을 하거나 기분전환을 한다. 이 단계에서는 과제를 그다지 의식하지 않고 자연스러운 영감이 떠오를 때까지 기다린다.

③ 계시 = 영감(illumination)

부화의 상태에 있다 보면 예고 없이 독창적인 해결법이 떠오른다. 무의식적 사고의 관여가 커서, 꿈에서 단서를 얻을 때도 많다.

④ 검증(verification)

순간적으로 떠오른 아이디어를 꺼내 과제에 대입해보며 실제로 효과와 현실성이 있는지 냉철하게 검증하고 발표한다.

문제를 발견하고 명확히 한다

지금의 학교에서는 문제의 해결 방법에 대해서는 많이 학습시키지만 문제를 발견하는 능력은 거의 육성하지 않는다. 문제 해결 방법은 IT와 컴퓨터가 진화하면서 매년 효율적으로 변하고 있지만, 문제 발견 능력은 여전히 스스로 연마할 영역이다. 학생 때는 교사가 문제를 제시해주지만 사회에 나가면 스스로 문제를 발견해야 한다.

다만 문제는 항상 '문제'의 모습을 하고 있지는 않으며, 금방 찾을 수 없는 경우도 있고 숨어 있는 경우도 있다. 또 '문제'로 보이는 눈앞의 상황에 단편적으로 대처하기만 해서는 마치 두더지 잡기와 같은 해결에 그치고 만다. 본질에서 동떨어진 일을 문제로 포착하면 해결 방법도 마찬가지로 부적절해진다. 결국 아무것도 해결되지 않거나, 최악의 경우 다른 문제가 생길 수도 있다.

문제의 발견을 막는
5가지 요인

우리가 문제를 '문제'라고 인식하는 것은 '현실'이 '이상적인 상태'에 미치지 못하기 때문이다. 우리는 문제라고 하면 곧 잘 '지금 눈앞에서 일어나는 일'만 생각하지만, 애초에 '이상적인 상태'에 무관심하면 '문제'를 느끼지 못하며, 문제의 '발견', 나아가 '해결'에도 생각이 미치지 못한다.

'문제의식'은 다음과 같은 요인들에 가로막힌다고 한다.

- **현 상태에 만족하고 기존의 방식에 익숙해져 있다.**
- **환경의 변화를 알아차리지 못한다.**
- **명확한 목표가 없다.**
- **남이 지시한 일만 한다.**
- **똑같은 문제를 몇 번이고 반복해서 일으킨다.**

이 요인들에 대해 다음과 같은 요소가 문제의식을 높일 수 있다.

- **향상심**(현 상태에 만족하지 않는다)
- **주의력**(환경과 상황을 잘 관찰한다)
- **사명감**(자신의 목표를 설정하고, 책임을 가지고 성취한다)
- **호기심**(다양한 일에 관심을 가진다)
- **예방 능력**(실패를 반복하지 않는 마음가짐을 가진다)

자신의 내면에 '문제 해결을 가로막는 요인'이 있는지 확인하고, 혹시 그런 요인이 있다면 거기에 대응하는 '문제의식을 높이는 요소'를 생활 속에서 의식하며 행동하는 것이 중요하다.

특히 실천하기 쉬운 방법은 일상 속에서 자연스럽게 솟아나는 감정인 '불만'을 적극적으로 이용하는 것이다. 무언가 불만을 느끼면 우리의 마음은 무의식중에 '해결하자'는 태도를 취한다.

스스로에 대한 질문으로
문제를 명확히 한다

문제의식이 솟아나면 그다음은 '그 문제는 무엇인가?'라고 스스로에게 질문한다. 표면적으로 문제로 보였던 것이 사실은 진짜 문제가 아닌 경우가 많아서, 진정한 의미의 문제 발견과 문제 해결이 이루어지지 않을 수 있기 때문이다.

문제라고 생각하는 것을 찾아냈다면 다음과 같은 다섯 가지 질문을 자기 자신에게 해보자.

① **구체적으로는?** (애매한 상황을 확실히 한다)

② **이상향은?** (문제가 해결된 상황을 가정한다)

③ **애초에?** (문제의 근원을 생각한다)

④ **한마디로 말하면?** (문제의 본질을 단순화한다)

⑤ **그렇게 말할 수 있는 이유는?** (왜 문제인지, 이상향으로 삼고 있는 상황은 정말로 옳은지 검토한다)

'다이어트가 필요하다'는 문제를
명확히 해보자

'다이어트가 필요하다'는 문제를 다섯 가지 질문으로 명확히 해보자.

① 애매한 상황을 확실히 한다

(예) 사람들에게 인기가 있기를 원하지만 통통한 상태이므로 다이어트가 필요하다고 생각한다.

② 문제가 해결된 상황을 가정한다

(예) 날씬한 체형이 되어 주변의 인기를 얻는다.

③ 문제의 근원을 생각한다

(예) 날씬한 체형이 되어도
인기가 없을 가능성이 있다.

④ **문제의 본질을 단순화한다**

예   통통한 채로 살면서도 사람들에게 인기가 있으면 좋겠다
(다이어트를 하고 싶지 않다).

⑤ **왜 문제인지, 이상으로 삼고 있는 상황은 정말로 옳은지 검
토한다**

예   통통한 체형이 취향이거나 편견 없는 사람과 서로 좋아하
게 되면 다이어트를 하지 않아도 된다.

이 예시의 경우, 사실 구체적인 불만은 '사람들에게 인
기가 없다'이다. 문제를 제대로 직시하지 않으면 '발을 삐어
서 아픈데 위장약을 먹는다'와 같은 일이 일어나고 만다.

불만(문제)을 단 하나도 찾을 수 없다면 위험 신호다. 반
대로 불만이 너무 많다면 '그것이 정말로 문제인가?' 하고 다
시 한번 잘 생각해보자.

'문제'의 3가지 유형

위험 관리의 연구에 따르면 문제는 세 가지 형태로 분류된다.

- 발생형 → 이미 발생한 문제

- 잠재형 → 앞으로 발생할 수 있는 문제

- 설정형 → 이상적이거나 달성하지 못한 목표에 다가가기
  위해 설정한 문제

문제는 반드시 '지금 눈에 보이는 혹은 겪고 있는' 것은 아닐 수도 있다. 문제에 대한 시야를 넓혀서 문제에는 잠재형과 설정형도 있으며, 또 항상 '목표가 달성된 상태'와 비교하며 생각해야 함을 인식하자. 그렇게 하면 문제 발견 능력도 향상된다.

보이지 않는 문제를 짚어내기

딜레마 사고법으로 정답 없는 문제를 끈기 있게 풀어낸다

영국인은 생각하고 나서 뛴다.

프랑스인은 생각하면서 뛴다.

스페인인은 뛰고 난 다음에 생각한다.

이것은 서양의 오랜 속담으로, 국민성과 사고방식을 이야기하고 있다.

그렇다면 일본인은 어떨까?

누군가 지시하지 않으면 뛰지 않는다.

어디까지나 '스테레오타입'(단순화·전형화한 이미지)이지만 잡담이나 스피치를 시작할 때 웃음을 이끌어내는 농담으로 잘 쓰인다.

일반적으로 동양인은 '시험형 사고'를 한다고 한다. 시험에는 반드시 '정답'이 있고, 이때 필요한 능력은 '정해진 시간 내에 정답에 도달하는' 능력이다. 정답을 모르는 경우 그 사람의 '노력과 능력 부족'이 원인으로 간주되고, 나아가 '부끄러운' 일이라는 생각으로 이어진다. 그래서 정답이 없으면 불안을 느끼고, 틀리면 부끄러우니 남 앞에서 의견을 말하지 못하는 상태가 되기 쉽다는 것이다.

그러나 21세기에 들어서면서 세상에는 정보가 넘쳐나고, 디지털 기술과 인터넷이 급속히 진화하고 있다. 많은 나라가 지금까지 경험하지 못한 변화를 겪고 있다. 이런 시대에는 정답이 있음을 전제로 생각하는 것이 아니라, '어떤 미래가 찾아올까?'라는 '정답 없는 문제'를 생각하고 해결할 필요가 있다.

정답이 없는 문제에 대한 사고법 중 하나가 '딜레마 사고법'이다. '가자니 태산이요, 돌아서자니 숭산'이라는 속담이 있다. 앞으로 나아가든 뒤로 향하든 어마어마하게 높은 산을 맞닥뜨리는데, 그래도 앞뒤 중 한 방향으로 갈 수밖에 없다면 그중 무엇을 선택해도 무서운 결과와 마주하게 되는 상황이다.

이처럼 두 가지 일 사이에 끼어서 이러지도 저러지도 못하는 것을 '딜레마(dilemma)'라고 한다. 이런 딜레마 상황을 논리적으로 생각하고 해답을 이끌어내는 일을 '딜레마 사고법'이라고 한다. 딜레마 사고를 훈련하면 실제 사회에서 일어나는 원전 문제나 환경 문제에 대처하는 자세를 기를 수 있고, 국민참여재판에 배심원으로 선정되는 경우 등 적절한 판단을 내릴 때에도 도움이 된다.

정답 없는 문제의 4가지 종류

딜레마 사고는 특히 도덕에 관련된 학습에서 활용되며, 미국의 도덕심리학자 로렌스 콜버그(Lawrence Kohlberg, 1927~1987)가 고안했다. 도덕적 딜레마의 특징은, 두 가지 도덕적 가치가 대립하는 이야기를 이용하는 것이다. 가령 '한 사람의 생명과 다수의 생명 중 무엇이 중요한가'의 대립을 소재로 활용해서 우리를 인지적 불균형(명쾌하게 어느 한 쪽을 선택할 수 없는 개운치 못한) 상태로 내몬다.

우리는 이처럼 균형이 잡히지 않은 상태를 불쾌하게 느

끼고, 어떻게든 균형을 이루는 쪽으로 생각하고자 한다. 이 불균형에서 균형으로 이동하는 머릿속의 작용이, 정답 없는 문제를 풀기 위한 사고의 성장이며 발달이다.

도덕적 딜레마의 소재는 다음과 같은 질문을 포함하며, 더 깊은 사고로 이어진다.

○ **타인의 입장에서 대상을 포착하는 질문**

'A의 입장이라면 이렇게 생각할 텐데,
그것을 안 B는 어떻게 생각할까?'

이런 질문으로 다양한 입장에서 대상을 포착할 수 있다.

○ **행위의 결과를 추측하는 질문**

'만약 ~하면 어떻게 될까?'

이런 형태로 어떤 사람이 무언가를 실행한 결과로 어떤 일이 일어날지 상상하는 질문이다.

○ **인지적 불균형을 촉진하는 질문**

'횡단보도에서 교통사고를 당하기 직전인
사람을 구하고자 할 때도 신호를 지켜야 하는가?'

상식을 돌아보게 하는 질문이다. 인지적 불균형(개운치 못한 기분)은 딜레마 사고의 모든 질문에 통용되지만, 특히 의도적으로 그 사람의 주장과는 반대 입장에서 질문하곤 한다.

○ **도덕적 판단을 요구하는 질문**

'이런 상황에서는 어떻게 해야 할까?'

이러한 형식으로 시비가 갈리는 문제에 대한 판단이 언제나 일관성을 유지하는지 묻는다.

도덕적 딜레마 수업은 위와 같은 질문들로 사람들의 사고를 흔들어놓는다. 인간은 개운치 못한 상태를 어떻게든 벗어나고 싶어 하므로, '둘 중 하나를 택한다'는 양자택일이 아니라 '제 3의 길'을 찾기 시작한다. 정답이 없는 문제에 대해서 모두가 수용할 만한 아이디어를 생각하기 시작하는 것이다.

물론 현실에서는 어떻게 해도 양쪽을 한 번에 해결할 수 없는 문제들이 존재한다. 중요한 것은 정답을 찾는 일이 아니라 계속해서 생각하는 일이다.

'트롤리 딜레마' 사고실험

하버드 대학교의 마이클 샌델(Michael Sandel, 1953~) 교수는 도덕적 딜레마를 도입해서 정답이 없는 문제에 대해 생각하고 논의하는 강의로 인기를 끌고 있다. 하버드에서 샌델 교수가 실시하는 일반인 대상 공개강의에는 수만 명이 몰려들며, 그 강의의 내용을 책으로 펴낸《정의란 무엇인가》는 세계 각국에서 엄청난 베스트셀러가 되었다.

구체적인 예로 자주 등장하는 것이 '트롤리 딜레마'다. 영국의 철학자 필리파 풋(Philippa Foot, 1920~2010)이 고안한 사고실험으로, 나는 다음과 같이 조금 응용해서 세미나에서 학생들에게 질문한다.

예 당신은 트롤리 전차의 분기점에서 전차 방향을 조절하는 일을 하고 있습니다.

하루는 트롤리를 A 지점으로 보내도록 정해져 있었습니다. 그런데 브레이크가 고장 나서 폭주하는 트롤리가 달려오는 모습이 보였습니다.

A 지점으로 향하는 노선에는 인부가 5명 있습니다. 그대로 내버려두면 이 5명이 희생되고 맙니다. 그때 당신은 사고를 피하기 위해 분기점에서 트롤리의 진로를 변경해 B 지점으로 보내는 방법을 생각했습니다. 그러나 그쪽에도 인부 1명이 있습니다.

트롤리의 진로를 변경하면 5명이 살지만 1명이 희생됩니다.

당신은 트롤리를 A와 B 중 어느 지점으로 보내겠습니까?

이 딜레마는 간결하게 말하면 '다섯 명을 구하기 위해 한 명을 희생해도 되는가?'이다. '한 명을 희생해서 다섯 명을 구해야 한다'는 생각도 있고, '자신이 원래 맡은 일을 하는 것이 중요하고, 그 외의 행위는 옳지 않다'는 결론도 있을 수 있다. 이 사고실험에서는 인간의 도덕이 '옳음'과 '그름'으로 판단할 수 없는 복잡한 문제임을 알 수 있다.

트롤리 딜레마를 다음과 같은 3단계를 거쳐 생각해보면 정의에 대한 도덕심의 '흔들림'을 느낄 수 있을 것이다.

① '정의'를 숫자로 결정할 수 있는가?
② '정의'는 상황이나 수단에 따라 달라지는가?
③ '정의'는 대상이 누구이냐에 따라 달라지는가?

① '정의'를 숫자로 결정할 수 있는가?

세미나의 학생들에게 A와 B 중 어느 지점으로 트롤리를 보낼지 질문하면 대략 80퍼센트는 '다섯 명을 구하기 위해 트롤리의 진로를 B로 바꾼다'를 선택하고 그것이 윤리적으로 '옳다'고 답한다.

한편 언제나 소수이기는 하지만 '직업상의 의무를 지켜야 한다'고 생각하고, 많은 수의 사람을 구하는 일이라도 그 수단으로서 누군가를 죽이는 것은 '옳지 않다'고 답하는 학생들도 항상 있다.

이 단계에서 '정의'는 인명의 많고 적음이라는 '숫자'를 기준으로 결정된다.

② '정의'는 상황이나 수단에 따라 달라지는가?

거기서 논의를 진행시켜 학생들에게 다음과 같이 질문한다.

> 예
>
> A를 선택한 경우: "희생된 5명 중 누군가가 자신과 가까운 사람이라면 어떻게 하겠습니까?"
>
> B를 선택한 경우: "희생된 1명이 자신과 가까운 사람이라면 어떻게 하겠습니까?"

이런 질문을 던지면 대부분의 학생들은 자신이 처음에 선택한 쪽에 대해서 도덕적 딜레마를 느낀다. 특히 B를 선택한 경우, 희생된 사람이 연인이라고 가정하면 이 시점에서 대부분 A로 진로를 변경하고 만다.

여기서 '정의'의 기준은 숫자가 아니라 '나에게 중요한가'가 된다.

③ '정의'는 대상이 누구이냐에 따라 달라지는가?

세 번째 단계의 키워드는 '이타주의'다. 이타주의란 타인의 이익을 위해 행동한다는 사고방식이며, 항상 타인을 돕는 일이 정의이므로, 자신이나 가족이 희생되는 경우도 포함해서 상대방이 누구이냐에 관계없이 구해내야만 한다.

여기서 그래도 B를 선택하는(가까운 사람의 희생도 무릅쓰고 다섯 명을 구하는) 학생들에게 마지막 질문을 한다.

"A 지점에 있는 5명이 당신의 적이라면 어떻게 하겠습니까?"

자, 여기까지 오면 그야말로 궁극의 선택이다.

참고로 철학자 니체에 따르면 이런 상황에서의 이타주의는 '건강하지 않다'. 아무리 타인을 위해서라고는 해도, 둘도 없이 소중한 사람을 희생하기보다는 여러 명을 희생해서라도 그 소중한 사람을 구하는 쪽이 건강하다는 것이다.

독자 여러분이라면 이 딜레마를 어떻게 하겠는가?

샌델 교수가 어떤 결론을 내렸는지는 《정의란 무엇인가》의 1장에 소개되어 있으므로 궁금하다면 확인해보자.

이처럼 도덕적 딜레마의 교재에는 정답 없는 문제를 깊이 생각하고 때로는 갈등을 직시하며 견디는 사고력을 길러내기 위한 소재가 많다. 다음의 이야기를 친구나 동료와 함께 읽고, 서로 이해할 때까지 대화해 보자(정답은 없다).

'선물로 받은 케이크',
공평이란 무엇인가

가족들이 모두 좋아하는 가게의 케이크 여섯 조각을 선물로 받았다고 하자. 고르게 나누지 않으면 싸움이 날 듯한 분위기인데, 고르게 나누는 일은 불가능해 보인다. 가족은 나를 포함해서 다섯 명이다. 어떻게 해야 할까?

한 조각을 더 먹을 수 있는 사람은 한 사람뿐인데, 한 조각을 더 먹을 권리가 있는 이는 아무도 없다.

누군가 한 조각 더 많이 먹는 일을 용납할 것인가?

만약 그렇다면 모두가 수용할 공평한 이유는 무엇이 있을까?

'개가 없어지는 날',
집단의 일원이라는 자각 vs. 생명의 존중

태평양전쟁 때 일본에서는 다음과 같은 사고방식이 있었다.

'일본은 전쟁에 질 리가 없다.'

'개를 기르는 일은 사치다.'

'개도 군용견으로 참전하는 것이 당연하다.'

'애국심 없는 사람 취급을 받는 일이 무엇보다 두렵다.'

이런 상황에서 가족이나 마찬가지로 아끼며 기르던 개를 군대에 공출하라는 지시를 받으면 어떻게 해야 할까?

공리주의와 의무론

인공지능이 탄생하기 전부터 존재했던 철학과 사상의 명제 중에는 현대에도 생각해보아야 할 것들이 있다. '인생이란 무엇인가?' 등 정답이 없는 질문에 대해 누구나 납득할 수 있는 주장을 계속해서 생각하는 일이 철학의 목적이다.

철학에는 도덕적인 옳음의 기준으로 '공리주의'와 '의무론'이라는 사고방식이 있다.

공리주의는 행위가 사람들에게 가져다주는 결과를 중

시하는 입장이며, '최대 다수의 최대 행복'을 중시한다. 공리주의를 주장한 대표적인 인물로는 영국의 철학자 제레미 벤담(Jeremy Bentham, 1748~1832)과 존 스튜어트 밀(John Stuart Mill, 1806~1873)을 들 수 있다.

반면 '의무론'은 행위가 사람들에게 가져다주는 결과의 좋고 나쁨과는 무관하게, 자신이 맡은 일 등 지켜야 할 의무와 윤리 원칙이 있다는 사고방식이다. 독일의 철학자 이마누엘 칸트(Immanuel Kant, 1724~1804)의 입장이기도 하다.

존 스튜어트 밀,
《공리주의》, 1861

이마누엘 칸트,
《윤리형이상학정초》, 1785

연상법으로 아이디어를 연결해
사고를 넓힌다

나는 대학교에서 20년 이상에 걸쳐 '스피치 커뮤니케이션'이라는 수업을 해왔다. 시상식이나 입후보 등 다양한 상황을 설정해서 학생들에게 외국어로 스피치를 시키고 단어와 표현의 선택이 얼마나 중요한지 지도한다.

유학생들에게 스피치를 가르칠 때 새삼 깨닫는 점은, 일본어의 경우 '상상'과 '연상'을 전제로 한 언어라는 것이다. 영어는 문화적 배경이 다른 사람과도 곧바로 소통할 수 있도록, 가능한 한 솔직하면서 합리적으로 전달하는 일이 기본인데, 일본어는 그 반대 지점에 있다. 일본어 스피치에서는 풍경의 묘사가 그대로 심정의 묘사가 되기도 하고, 그 심정을 전제로 이야기가 구성되기도 한다. 화자와 청자는 서로의 심정을 생각하고, 거기서 다양한 연상을 하면서 이해와 감동이 생겨난다.

'연상'은 한 대상에서 다른 대상을 떠올리는 일이며, 우리가 일상적인 대화 속에서 끊임없이 실시하는 사고 중 하나다. 어떤 학습이나 일을 하든, 새로운 개념을 생각할 때는 연상이 반드시 필요하다. 지금은 당연하게 여겨지지만 전화와 카메라를 융합한 스마트폰의 발명도 당시 기준으로는 엉뚱한 연상 속에서 새로운 아이디어에 다다른 사례다.

연상의 유형을 이용한다

심리학에서는 연상 방법에 크게 두 종류가 있다고 한다.

- **행성형 → 하나의 단어에서 수많은 단어를 연상한다**
- **고구마줄기형 → 하나의 단어에서 시작해 차례차례 연상을 이어 나간다**

행성형의 대표적인 예가 '만다라트'다. 만다라트는 가로세로 세 칸씩 총 아홉 칸으로 이루어진 표를 사용하는 연상법으로, 경영연구자 마쓰무라 야스오(松村寧雄, 1939~)가 고안했다. 만다라트라는 이름은 불교의 만다라(원)에서 유래한다. 각각의 큰 칸에 쓴 요소를 세분화해 나가며, 사고를 넓고 깊게 펼칠 수 있다.

세계적 야구선수로 활약하고 있는 오타니 쇼헤이도 '8구단 드래프트 1순위'를 중심 목표로 설정하고 총 여덟 개의 세부목표를 정하는 만다라트 계획표를 활용한 것으로 유명하다. 스포츠와 학습 분야뿐만이 아니라 회의나 심포지엄 등에서 문제 해결과 새로운 아이디어를 떠올리는 연상법으로 쓰이고 있다.

'책의 출판'이라는 아이디어를 만다라트로 나타낸 것

TV 보는 시간을 줄인다	저녁 식사 후 1시간 동안 집필한다	주제를 생각한다
생각을 곧바로 스마트폰에 메모한다	책을 낸다	베스트셀러의 트렌드를 조사한다
출판 강의에 참여한다	미디어에 등장한다	10만 부를 목표로 삼는다

고구마줄기형의 대표적인 예는 '자유연상법'이다. 무

의식중에 자연스럽게 떠오른 감정이나 생각을 말하는 기
법으로, 정신분석학자인 지그문트 프로이트(Sigismund Freud,
1856~1939)가 고안했다. 마음의 병의 진짜 원인을 찾아내는
상황 등에 활용된다.

　내 경우 세미나에서 학생들의 연상 능력을 길러주기 위
해 주로 세 가지 활동을 실시한다.

고구마줄기식 연상법

하나의 단어에서 시작해, 관련된 내용을 차례대로 자유롭게
생각하고 마치 고구마줄기와 같이 이어 나간다.

　가령 '국수'에서 시작해 연상하면 다음과 같이 말을 이
어 나갈 수 있다.

국수 → 라면 → 점심 → 장보기
→ 지갑 → 소매치기 → 전철 → ○○

　서로 인접한 단어들은 어느 정도 관련이 있지만, 멀리
떨어진 단어들은 전혀 관련이 없어진다.

수수께끼 연상법

TV를 보면 '~에도 있고 ~에도 있습니다. 무엇일까요?'라는 수수께끼가 등장한다. 심리학에서는 '수수께끼'라는 전제를 말하며 상대방의 기대감을 높인 후 그것을 단번에 해소하면, 재미를 느끼게 하고 연상력을 높이는 효과가 있다고 한다.

"컴퓨터에도 있고 디즈니랜드에도 있습니다."

"그게 뭔가요?"

"마우스입니다!"

말장난 연상법

교육학에서는 '진지한 마음(Telic Mode)'에서 '장난스러운 마음(Paratelic Mode)'으로 전환해서 친근한 학습 분위기를 조성하는 법을 연구한다. 구체적으로는 유머와 말장난 등이 효과적이라고 하며 학교 교육에도 도입되고 있다. 구체적인 방법은 다음과 같다.

○ **유의어나 발음이 같은 말을 이용한다.**

청자가 예상하지 못한 이야기를 한다.

(예) "정말 보내기 싫어…….
그럼 가위 낼까?"

○ **표현을 조금 바꾼다**

누구나 잘 아는 어구 등을 조금 바꾼다.

(예) '아프니까 청춘이다'
('외로우니까 사람이다'라는 정호승 시인의 시구)

○ **소리의 리듬을 활용한다**

의미 없고 이치에 맞지 않는 말로 관심을 끈다.

(예) '절레절레 전래동화'
'박이박이 차돌박이'

　상대방에게 공격적인 내용의 농담을 던지게 되는 경우도 있는데, 이는 괴롭힘이 되므로 주의가 필요하다.

'열린 고리 연상법'
발상이 닫히지 않으려면

자유롭게 발상하고 생각을 넓히고 싶어도 똑같은 주제에서 빠져나올 수 없는 경우가 있다. 다음은 연상이 '음식'에서 맴돈 채 최종적으로 원래의 감자로 돌아와 버린 경우다.

감자 → 감자고기조림 → 스키야키 → 소고기 → 소고기덮밥 → 점심 → 카레라이스 → 감자

흔히 있는 일인데, 원인은 발상이 '닫힌 고리' 속을 맴돌기 때문이다.

이런 경우는 의식적으로 상황이나 사물에 대한 시각을 바꾸는 일이 중요하다. 그 방법으로 미리 도착점을 정하는 연상 훈련이 있다.

다음과 같이 단어 A에서 연상을 몇 번 거쳐, 거의 관계가 없는 단어 B에 다다르는 일을 목표로 하는 것이다.

[단어 A] → ○○ → ○○ → ○○ → ○○ → [단어 B]

가능한 한 적은(또는 많은) 연상 횟수로 도착점에 다다른 다고 해서 좋은 것은 아니다. 우선은 두 지점 사이의 단어를 다섯 개 안팎으로 정한다.

가령 시작점이 '컴퓨터', 도착점은 '꽃가루 알레르기'라 고 하자.

**[컴퓨터] → 배선 → 전선 → 철탑 → 산
→ 나무 → [꽃가루 알레르기]**

보통은 '컴퓨터'라는 단어에서 한달음에 '알레르기'라는 발상에 다다르지는 못할 것이다. 그러나 이처럼 연상을 반복 하면 무언가 관련성을 찾을 수 있다. 익숙해지면 서너 번의 연상으로 도달할 수 있게 된다. 연상이 매끄럽게 연결되면 아주 후련한 기분이 든다.

도착점을 설정하고 연상 훈련을 해보자

속담 등 누구나 잘 아는 어구를 사용해서, 도착점을 설정한 연상 훈련을 해보자.

• 인원수: 1~3명

• 소요 시간: 한 문제당 3분 이내가 기준

○ **고양이에 금화**('돼지 목에 진주 목걸이'와 비슷한 일본의 속담-옮긴이)

자유로운 연상으로 '고양이'에서 '금화'까지 도달해보자.

우선 제한 시간이나 도착점에 이르기까지의 단어 수는 신경 쓰지 않고 자유롭게 연상해본다. 익숙해지면 제한 시간을 설정하고 단어 수도 가능한 한 적게 해서 도착점에 다다르자. 다만 똑같은 단어를 중복으로 사용해서는 안 된다.

(예)　　[고양이] → 쥐 → 쥐구멍 → 창고 → 보물 → [금화]

　　　　[고양이] → 페르시아 → 알라딘 → 금은보화 → [금화]

그 외에도 다음과 같은 속담을 이용해 연상해보자.

• [돼지] → 분홍 → 벚꽃 → 설렘 → 선물 → [목걸이]

• [소] → ☐ → ☐ → ☐ → ☐ → [경전]
(한국 속담 중 '쇠귀에 경 읽기')

• [사공] → ☐ → ☐ → ☐ → ☐ → [산]
(한국 속담 중 '사공이 많으면 배가 산으로 간다')

○ **역사적 지식**

익숙해지고 나면 역사 시험이나 자격증 시험 등에 필요한 지식을 암기할 때 이 연상 방법이 유용하다. 키워드를 염두에 두고 연상하면 기억에 남기 때문이다. 서로 이웃한 키워드를 연관 지어 생각하자. 다음과 같은 예를 들 수 있다.

（예）　[여행] → 길 → 경치 → 금강산
　　　　 → 금강전도 → [겸재 정선]

연상 작용을 통해 다음의 문제를 생각해보자.

• **별** → ☐ → ☐ → ☐ → **어린왕자**

서로 비슷한 단어가 세 개 이상 연속되면 그 문제는 나중에 다시 생각해본다. 시간이 너무 오래 걸릴 경우에는 머리가 굳어 있고 집중력이 부족하다는 뜻일 수 있으므로 휴식을 취한다. 연상 훈련은 키워드를 스스로 자유롭게 만들 수 있고, 등하교나 출퇴근 시간, 샤워할 때, 자기 전에도 할 수 있으므로 꼭 시도해보자.

계속해서 실행할 경우는 생각해낸 단어와 소요된 시간

을 기록한다. 기록을 남기면 연상 능력이 얼마나 향상되었는지 알 수 있다.

프라이밍 효과,
연상의 메커니즘을 응용한다

미국의 심리학자 존 바그(John Bargh, 1955~)는 우리가 사전에 받은 자극(프라이머)이 무의식중에 시간 순서대로 사고와 행동에 영향을 미친다고 주장했다. 이 심리 효과를 '프라이밍 효과(the Priming Effect)'라고 한다.

이것은 하나의 자극이 다른 생각을 연상시키는 인간 심리의 성질을 나타낸다. 예를 들어 TV에서 콜라 광고를 보면 평소에 콜라를 마시지 않는데도 갑자기 콜라를 사고 싶을 수 있다. 어린아이들의 놀이인 '열 번 퀴즈'에도 프라이밍 효과가 자주 나타난다. 상대방에게 '샹들리에'라고 열 번 말하게 한 후 '독사과를 먹고 죽은 공주는?'이라고 물으면 상대방은 대체로 '신데렐라'라고 대답하고 만다(정답은 백설공주).

어떤 정보로 인해 특정한 개념이 활성화되면서 관련 정보를 연상하기 쉬워지는 심리적 특성은, 학습 동기를 유지하는 효과가 있는 것으로 밝혀졌고 경영학과 교육학 등에서 응용되고 있다.

연상은 발상의 자극제이다.

포모도로 기법으로
최대한의 생산성과 효율성을 이끌어낸다

내일까지 책 3권을 읽어야 하는 상황.

자료를 제출할 시간이 얼마 안 남은 상황.

정해진 날짜까지 해야 할 일이 있는데 집중이 안 되고 다른 일에 정신이 팔리며, 그 때문에 초조해지고 짜증이 나서 사고가 정지해버리는 일은 누구나 한 번쯤 겪을 것이다. 그럴 때는 그저 무작정 노력할 것이 아니라 뇌를 확실히 쉬게 할 필요가 있다.

휴식이 생산성을 높인다

공부나 일을 하던 도중에 아무것도 하지 않고 멍하니 있으면 사람들은 흔히 '해이해졌다' '시간이 아깝다'라고 생각한다. 그러나 최근의 뇌과학 연구를 보면 '적당한 멍때리기'가 얼마나 중요한지 알 수 있다.

○ **울트라디안 리듬: 뇌 활동은 90분마다 저하된다**

이스라엘의 뇌과학자 페레츠 라비(Peretz Lavie, 1949~) 교수는 얕은 수면과 깊은 수면의 주기가 있는 것과 마찬가지로, 깨어서 활동하는 시간에도 집중과 비집중의 주기가 번갈아 나타남을 발견했다. 이를 '울트라디안 리듬(Ultradian Rhythm)'이라 한다. 라비 교수는 하루 중 집중과 비집중의 주기는 대략 90분이라고 주장한다. 다시 말해 90분마다 뇌의 활동은 휴식이 필요한 수준까지 저하되므로, 적절한 휴식을 취할 필요가 있다는 것이다.

○ **쿨다운: 머리에 채워 넣기만 해서는 안 된다**

사람은 배울 때 뇌의 신경세포들 사이의 연결이 강력해지고 사고 활동이 활발해진다. 그러나 신경세포 수에는 한계가 있으므로 머리에 지식과 정보를 계속 채워 넣기만 하면 과열되고 포화 상태가 되어, 더 이상 지식을 기억할 수 없게 된다. 그러므로 학습과 일에는 '쿨다운(Cool Down)'이 필요하다. 쿨다운이란 격렬한 운동 뒤 휴식으로 몸 상태를 가다듬는 일, 또는 마음을 차분히 하는 일, '머리를 식히는 일'을 뜻한다.

뇌신경학에 따르면 학습과 기억에는 뇌의 해마라는 영역이 깊이 관여한다. 도쿄 대학교의 이케가야 유지 교수는 학습 중인 중학생들을 대상으로 뇌의 감마파를 측정하고, 적절한 간격으로 휴식을 취하며 공부하면 집중력이 회복된다는 사실을 발견했다. 또 휴식을 동반하는 '단시간 학습'이 장기적인 기억을 고정시키는 데도 효과적이라는 사실 또한 발견되었다.

'25분간 작업 + 5분간 휴식'을
한 세트로 생각한다

장시간에 걸친 작업이 예상될 때는 '얼마나 집중해야 하는가' 그리고 '어떤 타이밍에 휴식을 취해야 하는가'가 중요하다. '포모도로 기법(Pomodoro Technique)'은 이러한 시간 분배에 대한 지침이다. 포모도로 기법은 이탈리아의 생산성 컨설턴트 프란체스코 시릴로(Francesco Cirillo, 1877~)가 고안한 방법이며, 포모도로는 이탈리아어로 '토마토'라는 뜻이다. 시릴로가 학생 시절 토마토 모양의 주방용 타이머를 사용해 시간을 정해놓고 시험공부를 한 경험에서 비롯된 이름이다. 타이머만 있으면 쉽게 실행할 수 있다.

시릴로는 지속 가능한 집중 시간과 휴식 시간의 횟수를 분석하고, 사람의 생산성과 효율성을 최대한으로 이끌어낼 수 있는 시간이 '25분간 작업 + 5분간 휴식'이라는 결론을 내렸다. 이 '25분 + 5분'의 한 세트를 '1 포모도로'라고 한다.

4 포모도로를 채우고 나면 15분~30분의 긴 휴식을 취한다. 그리고 이 주기를 하루에 몇 번 반복하면 효율적으로 작업할 수 있다.

포모도로 기법의 효과

포모도로 기법에는 네 가지 효과가 있다고 한다.

○　**집중 시간의 정착**

25분이라는 시간이 정해져 있으므로 그동안 딴생각 없이 작업에 집중하는 습관이 길러진다.

○　**시간에 대한 불안의 해소**

작업 시간에 끝이 정해져 있지 않으면 '계속해야 한다'는 불안과 압박이 생긴다. '25분'이라는 시간을 설정하면 긍정적인 마음으로 작업할 수 있다.

○　**휴식으로 인한 해이함을 방지**

휴식 시간이 지나치게 길면 오히려 해이해진다. 휴식도 '5분'으로 정해져 있으므로 다시 곧바로 작업에 집중할 수 있다.

○　**시간 내의 처리 능력을 파악**

포모도로 기법이 몸에 배면 자신이 한 번에 해낼 수 있는 작업량과 작업에 걸리는 시간을 대강 알게 된다. '25분 동안 보고서 한 장'과 같이 자신의 처리 능력을 파악해두면 다양한 작업에서 소요 시간을 예상하기 쉬워진다.

포모도로 기법을 실천해보자

아래의 5단계를 따라 포모도로 기법을 연습해보자.

① **실행할 작업을 정한다(예: 보고서 작성)**

② **타이머를 25분으로 설정한다**

③ **타이머가 울릴 때까지 작업한다**

④ **5분 동안 휴식한다**

⑤ **포모도로를 4번 마친 후 긴 휴식(20~30분)을 취한다**

비결은 반드시 타이머를 사용하는 것이다. 휴대전화 앱도 있으니 꼭 시도해보자.

휴식 시 '아무 일도 하지 않기'도 중요하다. 그 휴식 시간에 다른 작업을 하거나 이것저것 생각하면 뇌가 쉬지 못해서 피로해진다. 심호흡을 하거나, 명상을 하거나, 차를 마시는 등 일과 완전히 무관한 활동을 해서 뇌를 쉬게 하라. 내 경우는 요가 교실에서 배운 명상을 실시한다.

전화나 손님 때문에 작업을 중지해야만 하는 경우가 있다(이것을 '외적 중단'이라고 한다). 이메일을 확인해야 하거나, 누군가에게 연락해야 한다는 사실이 갑자기 생각나는 등 자신의 의지로 작업을 멈추는 경우도 있다(이것을 '내적 중단'이라고 한다).

이러한 중단이 있으면 포모도로의 효과는 사라지고 만다. 시릴로는 특히 '내적 중단'을 주의해야 한다고 말한다. 초조함이나 불안이 있는 상태로 작업하면 정신이 산만해져서 지금 하고 있는 일을 뒤로 미루는 원인이 되기 때문이다.

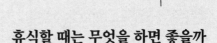

휴식할 때는 무엇을 하면 좋을까

휴식할 때 무엇을 해야 좋을지에 대해서는 다양한 연구가 존재한다.

○ **일어서서 걷기**

육체노동을 하는 경우를 제외하면, 많은 사람이 공부나 일을 할 때 앉아 있다. UCLA의 시더 교수 연구팀은 폭넓은 연령층의 남녀를 대상으로 조사한 결과, 지나치게 오랜 시간 앉아 있으면 기억 형성이 악영향을 받는다는 사실을 발견했다. 1시간에 5분 정도 걸으면 부교감신경이 우위가 되어 뇌를 이완하는 효과가 있다고 한다.

○ 수분 보충

코네티컷 대학교의 암스트롱 박사 연구팀은 수분 부족이 집중력이나 동기를 저하시킬 가능성이 있음을 지적했다. 학습에 집중하기 전에 물을 0.5리터 마시면 효율이 높아진다는 사실이 밝혀졌다. 목이 마르다는 느낌이 없어도 몸에서는 항상 수분이 손실되고 있으므로 휴식을 취할 때는 자주 물을 마시는 것이 중요하다.

○ 명상

명상을 실시하면 뇌에서 사고와 의사결정을 담당하는 부분이 활성화되고 스트레스 호르몬이 억제된다는 사실이 최근 검증되었다. 편안한 자세로 호흡에 집중하며 천천히 심호흡을 해보자. 머릿속에 무언가 생각이 떠올라도 당황하지 말고 그 상황을 받아들이며 의식을 천천히 호흡으로 되돌린다. 이것을 반복하면 마음이 안정된다.

4장

모방하기

롤모델에게 질문을 던져
이상에 다가간다

C형 간염바이러스를 발견한 연구로 노벨상을 수상한 하비 올터 박사, 피겨스케이트의 여왕 김연아 선수 등 세계의 정점에 선 사람들은 항상 빛이 나고 주위에서 큰 존경을 받는다. 이런 사람들은 동경의 대상이 됨과 동시에 '어떻게 하면 저 사람처럼 될까?'라는 연구의 대상이 된다.

이런 사람들을 '롤모델'이라고 한다. 영어로 롤(role)은 '역할', 모델(model)은 '표본, 규범'이라는 뜻이므로 롤모델을 직역하면 '역할의 표본'이 된다. 롤모델을 찾아내는 일은 배움에 대한 동기를 높이고 최종 목표를 달성하는 데 실제로 큰 도움을 준다.

롤모델은 성장 과정의 귀중한 교과서

캐나다 출신의 심리학자이며 미국 스탠퍼드 대학교의 교수인 앨버트 반두라(Albert Bandura, 1925~2021)는 타인의 행동을 관찰하고 흉내 내면서 학습이 이루어진다는 '모델링 이론'을 주장했다.

모델링 이론을 증명하기 위해 반두라가 실시한 '보보인형 실험'은 매우 유명하다. 만 3~6세의 보육원 아이들을 몇 개의 집단으로 나누어 장난감이 가득한 방에서 놀게 하고, 그 앞에서 실험을 했다.

- **어른이 나무망치로 인형을 때린다.**
- **어른이 인형을 부드럽게 다룬다.**
- **어른이 인형에게 거친 말을 하는 등 공격적인 태도를 보인다.**

결과는 명확했다. 어른의 공격적인 행동을 본 아이들은 그렇지 않은 경우와 비교해 말과 행동의 공격성이 증가했다.

이러한 실험을 통해 반두라는 사람이 타인의 말과 행동을 모방해서 배우는 데에는 세 가지 기본 형태가 있음을 보여주었다.

- 타인의 행동을 직접 보고 모범으로 삼는 학습
- 말로 설명을 들으면서 이루어지는 학습
- 책과 영화의 등장인물을 바탕으로 한 학습

롤모델은 사람의 성장 과정의 '교과서'라고 할 수 있다. 모델링 과정에서는 롤모델과 자기 자신 사이의 '이상과 현실의 괴리'를 우선 알고, 그것을 메우기 위해 노력해야 한다. 이 '괴리'를 메우는 일이 불가능하다고 생각하지 않고 동기부여의 원동력으로 삼는 것이 배움의 중요한 첫걸음이 된다.

롤모델을 통해 어떻게 배울 것인가

음악과 스포츠 등 배우고 싶은 역할이나 기술이 확실한 경우, 그 분야의 최고 유명인을 롤모델로 선택하기 쉽다. 그런데 롤모델을 찾기 쉽지 않은 경우에는 어떻게 해야 할까? 이제부터 표준화된 '멘토 제도 도입·롤 모델 보급 매뉴얼'을 참고해서, 롤 모델을 통해 배우는 방법을 4단계로 소개하겠다.

① **획득하고 싶은 능력이나 현재의 문제를 명확히 한다**

우선 달성하고 싶은 것, 획득하고 싶은 기술을 적는다. 롤모 델의 선택은 도달하고 싶은 목표에 따라 달라진다. 여기서는 '영어 듣기 능력'을 기르고자 하는 경우를 예로 들겠다.

예 **획득하고 싶은 능력**
영어 듣기 능력을 기르고 싶다.

현재의 문제
동아리 활동을 계속하면서 공부할 수 있을까?
외국인과 이야기하는 일이 부담스럽다.
육아 및 일과 양립할 수 있을까?
동기부여가 지속되지 않는다.

② **자신이 목표로 삼는 행동이나 기술을 가진 사람을 찾는다.**

①에서 쓴 능력을 이미 가지고 있는 사람, 문제를 극복한 사람을 주위에서 찾아보자.

예 주변에서 영어 듣기 능력이 뛰어난 사람을 찾는다.
유학을 다녀온 적이 없는데도 영어 청해 실력이 뛰어난 선배를 찾아 상담한다.

③ 롤모델의 말과 행동을 분석한다

롤모델을 선택하고 나면 그 사람이 뛰어난 이유, 문제를 극복한 방법을 분석한다. 행동을 관찰하거나 이야기를 들으며 그 특징을 나열해본다.

  매일 아침 라디오로 영어 강의를 듣는다.

(동아리나 출근 시간과 겹치지 않도록 한다)

영미권 원어민 친구를 만든다.

(외국인과 교류할 기회를 늘려서 익숙해진다)

아이와 함께 영어 회화를 공부한다.

(육아 시간을 활용한다)

동기부여를 위해 자기 자신에게 상을 준다.

(영어 자격시험에 도전한다)

④ 롤모델의 특징을 자신과 비교하며 실천한다.

그저 막연히 롤모델을 따라 하는 것이 아니라 그 사람이 가진 원칙과 자세, 그것을 흡수하기 위해 자신이 해야 할 행동을 명확히 발견하는 것이 핵심이다.

롤모델에게 말을 걸어

'이상적인' 상태를 확실히 설정하자

롤모델과 직접 만나서 이야기를 듣거나 지도받을 수 있다면 좋겠지만, 상대방이 나와는 멀리 있는 '다른 세계의 존재'라면 그런 일은 일어나기 어렵다. 멀리 있는 롤모델에게는 어떻게 가르침을 얻어야 할까?

해답은 바로 롤모델의 사진이나 영상에 말을 거는 것이다. '바보 같은 짓이야!'라고 생각할지 모른다. 물론 롤모델의 사진에 말을 걸어도 대답은 들을 수 없다. 그러나 TV에서 스포츠나 가요 프로그램을 보면서 선수가 경기하는 모습이나 가수가 공연하는 모습을 흉내 낸 적은 많이들 있을 것이나. 선수나 가수는 이야기를 해주거나 무언가를 가르쳐주지는 않지만, 우리는 이 롤모델에게서 아래 단계들을 거쳐 무언가를 배울 수 있다.

① 롤모델을 향해 "어떻게 하면 ○○를 할 수 있을까요?"라고 소리 내어 묻는다

자신의 생각을 소리 내어 말하면 자신이 이상적으로 여기는 상태가 구체화되는 효과가 있다. 묻고 싶은 부분, 알고 싶은

부분이 수없이 떠오를 것이다.

(예) "어떻게 하면 원어민처럼 영어회화를 할 수 있을까요?"

"발음은 어떻게 할까요? 억양은?"

"어떻게 하면 듣기 실력이 좋아질까요?"

② 자신에게 불가능한 부분을 받아들인다

그러고 나면 그 일이 지금 자신에게는 너무 어렵고 도저히 불가능하다는 불안과 실망감이 몰려온다. 솔직하게 인정하고 받아들이자. 이런 감정은 자신이 현실과 이상의 괴리를 잘 이해한다는 반증이다.

(예) 'L과 R을 구분해서 발음할 수 없어……'

'긴 문장을 알아들을 수가 없어……'

'대화 속도를 못 따라가……'

'상대방의 눈을 보고 이야기할 수가 없어……'

③ '현재 가능한 일' '가망이 있는 일' '불가능해 보이는 일'을 분류한다

①과 ②를 비교하며 세 가지 관점에서 정리한다.

 현재 가능한 일

간단한 단어를 말하고 알아들을 수 있다.

짧은 문장을 알아들을 수 있다.

가망이 있는 일

단어 수를 늘려서 표현을 더 풍부하게 만든다.

어린이 대상의 동요나 동화를 듣고 내용을 이해한다.

불가능해 보이는 일

외국 대학에서 영어로 수업을 듣는다.

토익 고득점을 달성한다.

CNN 뉴스를 이해한다.

④ **'가망이 있는 일'을 바탕으로 단기적인 목표를 설정하고 실천한다**

이 단기적인 목표를 어느 정도 달성한 시점에서 난도에 따라 '중기적', 그리고 '장기적'인 목표로 옮겨 간다.

여기서 중요한 부분은 '가망이 있는 일' 단계에서 난관에 부딪혀도 금방 포기하지 않는 것이다. 다른 무언가를 배우고 싶다는 생각이 들어도 똑같이 포기하고 싶어지고, 그 후에도 포기가 반복될 위험이 있기 때문이다.

무엇을 배우느냐에 따라 습득의 난이도와 기간은 달라진다. 오래 걸릴 것 같다면 최소한 1년의 기간을 목표로 삼자. 배움에서 중요한 것은 달성과 결과만이 아니라 거기에 다다르는 과정 속에도 많다. 초보 단계에서 갑자기 고난도에 도전하여 좌절하면 손해다.

마지막으로, 롤모델에게 한 걸음이라도 다가갔다면 자기 자신을 아낌없이 칭찬해주자. 아주 중요한 부분이다. 자신의 노력을 보상하는 일이 동기부여로 이어진다.

동경하는 인물 외의 롤모델을 찾아본다

만약 여러분이 학생이라면 주변에 비슷한 정도의 생각과 행동을 하는 사람이 많을 것이다. 그래서 새로운 발상이 떠오르지 않고 새로운 행동에 나서지 못하는 상황이 되기 쉽다. 그러나 항상 나와 멀리 있는 훌륭한 사람을 롤모델로 선택할 필요는 없다(이상이 지나치게 높은 것도 문제가 된다). 사실 롤모델은 의외로 가까운 곳에 있다.

- 싫어하는 유형의 사람
- 항상 나와 반대되는 생각을 가진 사람
- 어린아이나 노인
- 외국인, 유학생
- 한 가지 일을 잘하는 사람

아주 조금 관점을 바꾸는 것만으로 배움의 방식이 달라지고 아이디어가 떠올라 일이 잘 풀리는 경우도 많다.

주변에서 다양한 롤모델을 찾아보자.

팝송을 이용해
재미있게 영어를 배운다

나는 미국과 영국의 대학원에 진학하고 전공 연구를 하면서 외국어를 익혔기 때문에, 사실 어학 공부 자체는 그다지 하지 않았다. 특히 영어 문헌을 읽거나 논문 쓰는 일은 유학을 가고 나서 시작했을 정도다.

외국어를 배우는 일은 좋고 싫음을 떠나 반드시 해야만 하는 일이었다. 그러나 어학 공부에서 중요한 부분은 우선 '자신이 좋아하는 무언가'를 찾아내는 일이라고 생각한다. 내 경우 피아노나 기타를 치는 게 취미였고, 지금도 기회가 있으면 남들 앞에서 연주한다. 특히 팝송을 좋아하는데, 팝송 연주를 연습할 때는 섀도잉(2장에서 설명)도 도입한다. 지금 생각하면 이런 취미가 어학 실력을 향상시킨 것 같다.

어학 공부에
팝송이 효과적인 이유

실제로 팝송을 영어 교재로 활용하는 대학교도 있으며, 영어를 배울 때 팝송이 효과적이라는 사실이 여러 연구에서 밝혀졌다.

사가 대학교의 연구진은 '대학생의 영어 듣기 능력에 대한 새도잉의 효과: 팝송 가사의 활용'이라는 연구를 발표했다. 이 연구에 따르면 학습자가 영어를 공부하기 전부터 잘 알고 있던 팝송은 단순한 오락거리에 그치는 게 아닌 가사의 청해, 곡의 주제에 반영되는 문화적·시대적 배경, 타문화의 이해 등 학습 교재로서의 잠재력이 높다. 또 팝송은 일상적인 영어 회화에서는 들리지 않는 음성의 변화(모음이 길어짐, 어미의 자음이 작아짐 등)가 있고 곡에 따라 리듬, 음높이, 억양이 다르기에 알아듣기 어렵긴 하지만, 일단 익숙해지면 일상회화에서 발음과 청해가 쉽게 느껴진다.

그 외에도 팝송으로 영어를 배우면 동기부여와 학습 태도에 긍정적 효과가 크다는 장점이 있다. 제 2언어 습득을 연구하는 머스그로브와 가드너의 연구에 따르면 동기부여에는 다음과 같은 두 종류가 있다.

○ **도구적 동기부여**(Instrumental Motivation)

'시험에 합격하기 위해' '승진을 위해' 등 배움과는 무관한 목표를 달성하기 위한 '도구'로서의 동기.

○ **종합적 동기부여**(Integrative Motivation)

배움의 과정 자체가 즐거움이 되는 동기부여. 도구적 동기부여보다 습득에 더 도움이 된다는 사실이 증명되었다.

팝송으로 영어와 친숙해지는 일은 종합적 동기부여의 향상으로 이어져, 영어를 어렵게 생각하는 사람이라도 즐기며 공부할 수 있다.

팝송을 새도잉해보자

가도타 슈헤이의 《새도잉: 음독과 영어 습득의 과학》(국내 미출간-옮긴이)에 실린, 팝송을 이용한 새도잉을 소개하겠다. 다음과 같은 단계로 실천해보자.

① **마음에 드는 팝송을 한 곡 고른다**

무조건 자신이 즐길 수 있는 곡을 찾는다. 가능한 한 기분 좋게 들을 수 있는 곡, 따라 부를 수 있는 곡을 선택한다.

곡을 고르기 어렵다면 비틀즈의 노래에서 시작해 보자. 비틀즈의 곡은 편하게 들을 수 있는 곡조가 많고 듣기 쉽다. 그중에서도 비교적 알아듣기 쉬운 곡들은 다음과 같다.

<Love Me Do>

<Hello, Goodbye>

<Help!>

<Yesterday>

<Let It Be>

② **가사를 보지 않고 듣는다**

우선은 가사를 보지 않고 노래만 듣는다. 알아들을 수 없는 부분이 있어도 신경 쓰지 말고 멜로디와 리듬을 열 번 정도 반복해서 듣자.

멜로디를 기억하게 되면 콧노래로 부를 수 있게 되어 음계와 리듬에 익숙해진다.

③ 가사를 보며 듣는다

이번에는 가사를 보며 듣고, 알아듣지 못한 부분의 음과 단어를 연결한다. 특히 단어와 단어가 이어지며 다른 소리가 되는 현상, 예컨대 리에종(liaison, 단어를 연결해 발음하는 것)·리덕션(reduction, 단어의 일부 소리가 사라지는 것)을 의식하며 20번 정도 듣는다.

④ 가사를 보며 따라 부른다

그다음은 가사를 보며 따라 부르자. 가사는 어디까지나 참고만 하고, 귀에 들리는 대로 흉내 내어 부른다.

특히 ③에서 의식한 리에종과 리덕션 등을 중심으로, 알아듣지 못한 부분이나 따라 부르기 힘든 부분에 집중해서 계속 연습한다. 횟수는 따로 정하지 않고, 매끄럽게 따라 부를 수 있을 때까지 반복해서 부른다.

⑤ 가사를 보지 않고 따라 부른다

마지막으로 가사를 보지 않고 따라 불러보자. 잘되지 않는 부분을 반복하며, 숙달될 때까지 천천히 연습한다.

섀도잉의 효과와 음운부호화

섀도잉의 효과는 외국어의 단기 기억과 깊은 관계가 있음을 많은 연구자가 지적했다. 인지심리학자 앨런 배들리(Alan Baddeley, 1934~)에 따르면 사람의 단기 기억에는 '음운부호화'로 처리되는 메커니즘이 있다. 음운부호화란 말의 형태로 된 정보를 자신의 음성으로 치환하면 언어를 이해하고 짧은 시간 동안 기억하게 되는 중요한 기능이다.

실제로 숙련도가 낮은 학습자가 섀도잉을 통해 단기간

에 효과를 볼 수 있다는 연구 결과가 있다. 국내 대학생들을 대상으로 5일이라는 짧은 기간 동안 그 효과를 검증했는데, 섀도잉을 도입한 학습으로 영어 듣기 실력이 확실히 성장하는 결과가 도출되었다.

섀도잉에 대해 외국어를 단순 기계적으로 반복하는 행위라고 생각하기 쉽다. 그러나 섀도잉은 단어의 의미, 전문 용어, 발음, 형태 등이 머릿속에서 음성으로 처리되고 기억으로 정착하는 중요한 메커니즘을 띤다.

소스북에서
아이디어와 구상이 탄생한다

논문이나 계획서를 쓸 때 아무 참고도 하지 않고 백지상태에서 시작하는 일은 없다. 엄청난 천재이거나 영감이 마구 솟아오르는 때가 아닌 이상, 사람은 대체로 무언가를 참고하며 논문이나 계획서를 쓴다.

옥스퍼드 대학교에서 유학을 할 때 박사논문의 주제가 좀처럼 결정되지 않아 지도교수에게 상담했더니, '소스북(Source Book)'을 찾는 일부터 시작하라는 조언을 해줬다. 소스북이란 저서나 강의에 토대가 되는 책이다. '참고문헌'이라고 바꿔 말할 수도 있다. 불을 피울 때 불씨를 사용하듯, 소스북은 연구자가 스스로의 생각과 아이디어를 가지고 논문을 쓰는 과정에서 가장 큰 영향을 주는 책과 자료다. 소스북을 모방해보며 좋은 글을 쓰는 방법과 논지를 전개하는 방식을 배울 수 있다.

나의 경험상 소스북은 삶에서 몇 명 되지 않는 좋은 친구와 같다. 훌륭한 소스북을 만나 생각의 기초를 닦고 독자적인 사고가 탄생하는 등, 그 후의 인생이 크게 달라졌다고 생각할 정도다. 지금 돌이켜 보면 소스북과 만났기에 박사논문을 작성할 수 있었다는 확신이 든다.

소스북의 종류

내가 쓴 글이 신뢰를 얻기 위해서는 우선 사람들이 소스북 자체를 신뢰할 수 있어야 한다. 소스북은 독자성(獨自性) 및 자료 원본에 가까운 정도를 기준으로 다음과 같이 네 가지로 분류한다.

- 1차 자료 → 정부의 정책 또는 행정 통계자료, 역사적인 문서 등 자료 원본

- 2차 자료 → 1차 자료를 바탕으로 작성한 학술논문 등 (일반적인 참고문헌)

- 3차 자료 → 2차 자료를 편집해 게재한 책과 자료

   (신문 기사, 공공기관 소식지, 에세이 등)

- 4차 자료 → 1차~3차 자료 외의 것(영화 팸플릿, 광고 등)

학술논문에서는 1차 자료와 2차 자료가 소스북으로 바람직하다.

인터넷보다
책을 권하는 3가지 이유

아직 인터넷이 없던 때에는 읽고 싶은 책이 있으면 서점이나 도서관에서 찾거나 누군가에게 빌리는 일이 당연했다. 지금 시대에 인터넷 검색은 빠른 정보 접근 등 확실히 우위성이 있다. 그러나 그 정보를 읽는 것만으로 충분하다고는 할 수 없다. 인터넷에서 얻을 수 있는 정보는 종합적이 아니라 단편적인 정보이며, 작성자의 주장이 지나치게 강하게 반영돼 객관성이 부족한 경우가 많기 때문이다.

물론 필요한 책을 인터넷 검색으로 수집하는 일은 편리하다. 그러나 인터넷 검색으로는 시간만 많이 걸리고 이상적인 소스북을 찾아낼 수 없다고 생각한다. 가령 인터넷으로

'국제화' 'AI' '사고법' 등의 주제를 검색한다고 가정하면, 너무 방대한 양의 정보가 검색되어 그중 어느 책을 읽어야 할지 혼란스러울 것이다. 또 인터넷에서는 책의 제목과 간단한 소개밖에 찾을 수 없는 경우가 많아, 책의 내용을 알지 못해서 선택하지 못하는 일도 있다. 특히 돈이나 시간에 여유가 없을 땐 책의 범위를 좁혀야 하므로 더욱 난처하다.

책을 찾을 때는 인터넷 서점보다 도서관이나 실제 서점에 가서 직접 책을 고르길 권한다. 다음과 같은 특징이 있기 때문이다.

○ **일람성: 한눈에 판단이 가능하다**

인터넷 검색과 도서관을 비교하면 '일람성'이라는 점에서 도서관이 낫다. 현장에서 실제로 책을 손에 들고 읽어보면 문체, 구성, 디자인, 자신의 사고력과 이해 정도에 대한 적합성 등을 금방 알 수 있다.

○ **관련성: 관련 서적을 발견하기 쉽다**

도서관이나 서점의 책장에는 서로 관련된 책들끼리 배열되어 있다. 읽고자 하는 책의 주변에 연관된 내용의 다른 책들이 꽂혀 있으므로 함께 읽어볼 수 있다.

또 제목은 자신이 원하는 분야와 완전히 달라 보여도 내용의 일부가 겹치는 책들이 있으므로, 인터넷 검색에서는 찾을 수 없는 책과 만나게 될 가능성이 있다.

○   **정보성: 책을 찾지 못할 경우 도움을 받기 쉽다**

도서관에는 책의 관리와 대출을 담당하는 사서가 있어서, 원하는 책을 찾을 수 없는 경우에는 다른 도서관의 정보를 검색하거나 대출 신청을 해주는 등의 도움을 제공한다. 숙련된 사서는 최신 서적이나 문헌 등의 정보를 제공하기도 한다.

인터넷에서 정보를 수집한다면 공공기관이나 유료 뉴스 사이트 등 신뢰할 수 있는 곳에서 정보를 얻으면 좋다. 다만 정보를 보완하는 정도로 사용해야 한다.

작성할 글의 분량에 따라 차이는 있지만 소스북은 세 권이면 충분하다고 생각한다. 그보다 적으면 부족하고, 그보다 많으면 정보량이 늘어나서 아이디어를 구상할 때 머릿속이 혼란스러워진다.

소스북을 명시한다

참고문헌을 명시하고, 글에서 참고문헌을 이용한 모든 부분을 정확히 밝히는 일은 글을 쓸 때의 규칙이다. 독자는 저자의 논의를 따라가면서 거기서 전개되는 주장의 근거가 어디에 있는지 알고자 하기 때문이다.

참고문헌 목록의 작성에는 일정한 양식이 있다.

- **인용한 책과 자료를 모두 참고문헌 목록에 넣고 글의 마지막 부분에 기재한다.**
- **글의 어느 부분에서 문헌을 참고했는지 명기한다.**
- **참고 자료의 어느 부분을 어떻게 활용했는지 기재한다.**

다만 참고문헌을 표시하는 방법은 언어나 전문 분야에 따라 차이가 있으므로 각각의 양식에 맞춰 표시하자.

연구 논문이나 공적인 보고서를 작성할 때는 선행 연구를 참고하면서 적절히 인용하는 일이 중요하지만, 도용이나 표절을 하지 않도록 주의해야 한다. 도용과 표절이란 타인의 글이나 생각을 무단으로 사용해서 마치 자신의 것처럼 발표하는 행위다. 의도적이었든 아니었든 적절한 규칙을 따르지 않고 남의 글을 인용하면 학술적 및 윤리적으로 심각한 규칙 위반이 된다.

현재는 도용이나 표절을 확인하는 앱이 개발되고 있어 발각될 가능성이 높아지고 있다. 어떻게 인용해야 부정행위가 아닌지에 대해서는 관련 서적과 인터넷 상의 정보를 참고하자.

소스북을
흉내 낼 준비를 한다

소스북을 발견하면 우선 다음과 같은 4단계로 준비한다.

① 차례를 주의 깊게 읽는다
우선 차례를 보고 그 책의 내용과 구성을 파악하자. 대략 어떤 내용이 쓰여 있을지 상상하고 나서 본문을 읽으면 내용을 더 빨리 이해할 수 있다.

② 서장과 결론 부분을 잘 읽는다
일반적으로 책은 서장('머리말' 등)에 그 책을 쓰게 된 배경, 동기, 목적이 있고 마지막의 결론 부분에서 전체를 총괄하도록 구성되어 있다. 서장과 결론에는 정합성이 요구되므로, 문장의 전개와 논리를 확실히 읽어내자.

③ 전체를 잘 읽는다

똑같은 책을 처음부터 끝까지 최소한 두 번 집중해서 읽는다. 첫 번째는 그냥 읽고, 두 번째는 흉내 내고 싶은 부분에 줄을 그으며 읽으면 좋다. 이 단계에서는 아직 책을 읽는 일에 집중하고, 뛰어난 문장과 표현이 무엇인지 이해하는 일을 목표로 삼는다.

④ 문장을 추출한다

③단계를 다시 한번 반복하면서, 흉내 내고 싶은 문상을 그대로 추출한다. 문장이 너무 길거나 여러 부분에 걸쳐 있는 경우는 짧게 나누어서 옮겨 적는다.

소스북을 리라이팅·패러프레이징하는 법

준비가 끝나면 추출한 문장을 자신의 말로 바꾸어 써본다. 문장을 요약하거나 주어와 술어의 위치를 바꾸는 일도 포함해, 이러한 작업을 '리라이팅(rewriting)' 또는 '패러프레이징

(paraphrasing)'이라고 한다.

우선 바꾸어 쓰기의 요령을 파악하는 일부터 시작하자. 거기에 익숙해지고 나면 자신 나름의 문장 바꾸어 쓰기, 가필, 삭제 방법을 몸에 익히게 된다. 리라이팅·패러프레이징에는 다음과 같은 세 가지 방법이 있다.

○ **단어나 키워드 바꾸기, 문장 순서 바꾸기**

원문에서 중요한 단어 또는 키워드는 반드시 의미를 확인하고 적절한 말과 표현을 보충해서 바꾸어 쓴다.

예
소스북을 찾아내는 요령은
→ 소스북을 검색할 때 중요한 점은

문장의 길이가 짧다면 한 문장의 앞뒤를 바꾸고, 여러 문장이 이어지는 문단이라면 문장끼리 서로 바꾼다.

예
소스북에서 중요한 점은 '내용을 똑같이 유지한 채 다른 문장 만들기'이다.
→ '내용을 똑같이 유지한 채 다른 문장 만들기'가 소스북을 활용하는 요령이다.

그저 문장의 순서만 바꾸는 것이 아니라, 보태고 고쳐 문장 자체를 바꾼다.

○   **항목을 만들어 요점을 정리한다**

병렬 표현(○○나 ××, 또는 △△나 ▲▲)이 많은 경우, 또는 글이 길어지는 경우는 항목을 만들어 정리한다.

예   다음과 같은 것들이 있다.

첫째로…….

둘째로…….

셋째로…….

이 책 자체도 항목별로 요점을 정리한 부분이 많다.

○   **주어와 술어의 거리를 좁힌다·문장의 종결 표현을 반복하지 않는다**

주어와 술어 사이에 단어가 많으면 문장을 이해하기 어려우니, 주어와 술어의 거리를 가능한 한 좁힌다. 또 비슷한 단어나 종결 표현이 계속되면 완성도가 낮고 기계적이라는 인상을 주므로, 가능한 한 표현을 다양하게 바꾼다.

주어와 술어의 거리가 먼 예시를 바꿔보면 아래와 같다.

 아리스토텔레스는 '좋은 삶'을 목표로 만인의 도덕적 성품을 고양하기 위해 《니코마코스 윤리학》을 썼다.

→ '좋은 삶'에 필요한 인간의 도덕적 성품을 제시하기 위해, 아리스토텔레스는 《니코마코스 윤리학》을 썼다.

원래 문장이 너무나도 매력적이어서 꼭 그대로 쓰고 싶은 경우에는, 반드시 그 부분을 " "등으로 표시한 후 어디에서 인용했는지(책 제목과 쪽 번호) 명기하자.

소스북에서
자신만의 아이디어를 얻자

소스북의 표현과 문체를 모방하며 자기 나름의 사고방식을 집어넣자. 기본적인 방법은 다음과 같은 세 가지다.

○　**업데이트한다**

소스북이 오래전에 출판된 책이라면 현대적인 관점 등을 더해서 논의를 업데이트한다.

○   **비교를 도입한다**

다른 사람의 이론적 관점이나 다른 나라의 사례 등과 비교하고 이것을 새로운 논의로 연결한다.

○   **비판한다**

소스북의 주장과는 완전히 반대되는 입장의 의견이나 비판을 제시함으로써 전반적인 논의의 폭을 넓힌다.

그 외에도 소스북에서 얻은 지식을 바탕으로 독자적인 설문조사나 인터뷰, 실험 등을 하고 여기서 얻은 새로운 자료를 추가해 논의에 깊이를 더할 수도 있다.

이 단계가 끝나면 마지막으로 글 전체를 퇴고해서 도용이나 표절이 없는지 잘 확인하자.

반면교사를 통해 사고력을 연마한다

One man's fault is another's lesson.

Learn wisdom by the follies of others.

두 문장 모두 '다른 사람의 모습을 보고 나 자신을 바로 잡으라'라는 영어 속담이다. 여기서 'lesson'은 교훈, 'fault'와 'follies'는 실패와 어리석은 행동 등을 뜻한다.

'반면교사'라는 말을 잘 쓰는데 이것은 원래 중국에서 생겨난 말이다. 나쁜 표본이나 스스로를 돌아볼 기회가 되는 사람 또는 사례를 가리키며, 결코 따라 하지 말아야 할 경계의 대상이라고 할 수 있다.

'반면교사'의 존재와 언동은, 저렇게 해서는 안 됨을 보여준다는 측면에서 교육에 도움이 된다. 누군가의 습관, 행동, 버릇 중 자신이 싫어하는 부분을 새삼 인식하고 피하면 배움이 이루어지는 것이다. 자신의 명확한 의도와 선택을 바탕으로 반면교사의 말과 행동을 피하는 일은 일종의 '모방' 학습이라고 할 수 있다.

'반대로 생각하는' 일의 효과

일상생활 중에 무언가 생각할 때, 무의식에 사로잡혀서 아무리 해도 어떤 사고의 틀을 벗어나지 못하는 일이 자주 있다. 자연과학 분야에 수많은 공헌을 한 독일의 수학자 카를 야코비(Carl Jacobi, 1804~1851)는 '자신의 생각을 명확히 하는 방법 중 하나는 수학적인 문제를 반대로 생각해보는 일이다'라고 말했다. 야코비는 풀고자 하던 문제의 반대를 적어보니 더 쉽게 해결에 다다른다는 것을 발견했다.

방글라데시의 그라민 은행은 땅이 없는 사람 등 빈곤층을 대상으로 저금리 무담보 대출을 실시한다. 그라민 은행은 일반적인 은행의 개념을 180도 전환함으로써 탄생했다.

- **부유층을 위함 → 빈곤층을 위함**
- **고액 거래 중심 → 소액 거래도 가능**
- **도시에 있음 → 농촌에 있음**

그라민 은행을 설립한 경제학자이자 사업가인 무함마드 유누스(Muhammad Yunus, 1940~)는 그 공로를 인정받아 2016년 노벨평화상을 수상했다.

경쟁 상대가 없는 분야에서 굳이 개성을 강조하거나, 상대방의 약점 또는 상대방이 실현할 수 없는 일을 자기 강점으로 삼는 일도 반면적인 모방일 것이다. 이른바 '쿼츠 파동'(1969년 일본 세이코 사에서 건전지로 구동되는 쿼츠 시계를 개발·대량생산하여, 고도의 수작업을 거쳐 수동 태엽과 부품을 제작하는 스위스 시계 시장이 급격히 침체된 사건—편집자 주)이 있은 뒤 유럽의 기계식 시계는 일본의 쿼츠 시계를 반면교사로 삼아, 시계의 '디자인'과 '소장가치'라는 새로운 강점으로 브랜드 전략을 강화해 성공을 거두었다.

'나는 저렇게 되지 않겠다'에서 끝나지 않고

긍정적인 상황도 보고 배운다

의식적으로 반면교사를 보고 배우는 요령은 '나는 저런 사람이 되지 않겠다'는 생각에서 그치지 않고, 나아가 '저 사람의 반대는 어떤 사람인가'까지 생각하는 것이다.

이것은 사실 뇌의 메커니즘과 관련 있다. 사람은 머릿속에서 마음에 들지 않는 타인의 말과 행동을 아무리 부정해도, 그 싫은 감정을 해소하지 못한다. 그리고 자신이 실제로 비슷한 상황에 처했을 때 무의식 속에서 비슷하게 반응하는 습성이 있다.

예를 들면 화를 잘 내는 사람을 보고 '저렇게 되기 싫다'고 생각해서 화를 내지 않는 사람이 되려고 해도, 무심결에 자신도 똑같이 행동하고 있다는 사실을 깨닫고 우울해질 수 있다. 이런 경우는 '항상 온화한 표정과 마음을 가진다'와 같이 긍정적인 상황도 함께 보고 배워서 자신의 행동을 제어할 수 있다.

반면교사법으로
커뮤니케이션 능력을 향상해보자

반면교사를 통해 커뮤니케이션에서 불쾌하게 느껴지는 부분에 초점을 맞춰보자. 구체적인 방법은 다음과 같다.

① 불쾌하게 느껴지는 점을 구체적으로 나열한다

언어적 요소와 비언어적 요소를 나누고, 불쾌하게 느껴지는 요소를 구체적으로 찾아보자.

예

언어

목소리가 너무 크거나 너무 작다.

듣기 좋은 말을 사용하지 않는다.

말투가 고압적이다.

허풍을 떤다.

빠르게 정신없이 말한다.

비언어

무표정하다.

눈을 마주치지 않는다.

맞장구를 치지 않는다.

제스처가 없다.

② 그 반대의 요소를 적는다

①에서 나열한 것과 반대되는 요소를 나열한다.

예

언어

목소리의 크기가 적절하다.

부드러운 말을 사용한다.

말투가 듣기 편안하다.

자연스럽다.

천천히 말해서 알아듣기 쉽다.

비언어

표정이 풍부하다.

눈을 적절히 마주친다.

맞장구를 친다.

제스처를 적절히 사용한다.

③ 반면교사를 모범교사로 바꿀 아이디어를 표로 만든다

주변에 커뮤니케이션의 반면교사가 있다면 이 방법을 활용해보자. 상대방의 불쾌한 언행을 '긍정적인 방향으로 전환해서' 학습하는 일이 반면교사법의 핵심이다.

반면교사를 모범교사로 바꾸는 아이디어를 적은 표

언어	비언어	그 외
(불쾌한 요소)	**(불쾌한 요소)**	**(불쾌한 요소)**
• 목소리가 너무 크거나 너무 작다. • 듣기 좋은 말을 사용하지 않는다. • 말투가 고압적이다. • 허풍을 떤다. • 빠르게 정신없이 말한다.	• 무표정하다. • 눈을 마주치지 않는다. • 맞장구를 치지 않는다. • 제스처가 없다.	• 상대방의 말을 듣지 않는다. • 상대방의 말을 곧잘 부정한다. • 자랑을 많이 한다. • 시간을 지키지 않는다. • 아는 척한다.
↓	↓	↓
(반면교사)	**(반면교사)**	**(반면교사)**
• 목소리의 크기가 적절하다. • 부드러운 말을 사용한다. • 말투가 듣기 편안하다. • 자연스럽다. • 천천히 말해서 알아듣기 쉽다.	• 표정이 풍부하다. • 눈을 적절히 마주친다. • 맞장구를 친다. • 제스처를 적절히 사용한다.	• 상대방의 말을 잘 들어준다. • 상대방의 말을 긍정해준다. • 자기 자랑을 하지 않는다. • 시간을 지킨다. • 아는 척하지 않는다.
↓	↓	↓
(개선 방법)	**(개선 방법)**	**(개선 방법)**
• 평소에 목소리의 크기와 단어 사용을 주의한다.	• 매일 아침 거울 앞에서 표정을 연습하고 체조를 한다. • 10초 이상 눈을 마주치도록 명심한다.	• 경청의 기술을 몸에 익힌다. • 시간을 지키는 자세를 가진다.

TRIZ로 선례를 응용해 창조한다

옥스퍼드 대학교에서 AI를 연구하는 마이클 A. 오스본 부교수는 '21세기에 현재 사람들이 종사하는 직업 중 약 절반이 로봇에 넘어간다'라는 충격적인 예측을 내놓았다. 가까운 미래에 많은 직업이 사라질 것으로 알려진 가운데, 앞으로도 사람들이 안정된 사회생활을 하려면 난관을 타개할 만한 창조적인 아이디어가 필요할 것이다. 그러면 이 아이디어는 어떻게 얻어야 할까?

사실 새로운 아이디어 중 다수는 기존 것들의 특성을 모방한 후 결점을 보완하거나 조금 변형해서 탄생하는 경우가 드물지 않다. 예를 들어 연필이 처음 발명되었을 때는 둥

근 모양 때문에 책상에서 자주 굴러떨어져 불편했으나, 그 후 개선이 이루어져 지금과 같은 육각형이 되었다. 기존 사례에서 배우고 개선하면 창조적인 아이디어가 떠오를 수 있다.

새로운 아이디어를 돕는 장치, TRIZ(트리즈)

신제품 개발의 아이디어를 찾을 때, 이미 존재하는 아이디어와 중복되지 않는지 살펴서 개발 설계에 차질이 생기지 않도록 예방하는 'TRIZ(트리즈)'라는 수단이 있다. 1940년대 러시아의 발명가이자 특허 심사관이었던 겐리히 알츠슐러(Genrikh Altshuller, 1926~1998)는 약 250만 건의 특허를 조사하고 그 속의 규칙성을 체계화한 '발명 문제의 해결을 위한 이론'을 마련했다. TRIZ는 러시아어로 Teoriya(이론), Reshniya(해결), Izobretatelskikh(발명), Zadatch(문제)의 머리글자를 딴 약어다.

　TRIZ에서는 '한 분야에서 새로 해결된 문제는 대부분의 경우 다른 분야에서 이미 해결된 문제다'라는 전제로, 분야를 초월해 활용할 수 있는 '40가지 발명 원리'를 제시한다. 이 40가지 항목 중 적용 가능한 것이 있는지 살피며 아이디어를 이끌어낸다. 각 원리의 특성을 실용화해서 최대한의 효과를 실현하자. 몇 가지 예를 들겠다.

○ **분할 원리**(1번)

'크기가 크거나 양이 많은 것은 분할한다'는 원리다. 예를 들어 전철이 여러 차량으로 나뉘어 있는 이유는 시간대별로 승객 수에 맞춰 편성을 바꾸기 위해서다. 네모난 판형 초콜릿을 먹기 편하도록 작게 나눈 것도 이 원리의 한 예다.

얼핏 보기에는 아주 당연해 보여도 '만약 전혀 분할되지 않았다면 어땠을까?' 하고 생각해보면 분할 원리의 효력을 실감할 수 있다. 이 원리는 적응성과 융통성을 높인다.

○ **조합 원리**(5번)

분할 원리와는 반대로 연결이나 조합을 통해 효과를 높인다는 사고방식이다. 연필에 지우개를 더한 '지우개 달린 연필'을 예로 들 수 있다.

○ **포개진 인형 원리**(7번)

인형 속에 인형이 겹겹이 들어 있는 마트료시카 인형이 이 원리의 전형적인 이미지다. 이 원리는 도시락 그릇, 안테나,

금형 등에서 발견된다. 수납공간을 절약할 수 있고 정리가
쉽다는 이점이 있다.

○   **사전 작용 원리**(10번)

사전에 동작을 준비해두고 필요할 때 원활하게 실행한다는
사고방식이다. 에어컨의 예약 타이머, 전자레인지의 타이머,
정전 시의 손전등이 이 원리에 해당한다고 할 수 있다.

TRIZ의 40가지 발명 원리

1	분할	21	고속실행
2	분리	22	전화위복
3	국소적 성질	23	피드백
4	비대칭	24	중개
5	조합(병합)	25	셀프서비스
6	범용성	26	복제(대체)
7	포개진 인형	27	비싸고 긴 수명보다는 값싸고 수명을 짧게
8	균형추	28	메커니즘의 대체
9	사전 반작용	29	유체의 이용
10	사전 작용	30	박막의 이용
11	사전 보호	31	다공질의 이용
12	등퍼텐셜	32	색상 변화의 이용
13	역발상	33	균질성
14	분리	34	배제/재생
15	역동성	35	파라미터

16	부분적 작업 또는 과잉 작용	36	상변화
17	차원의 이동	37	열팽창
18	기계적 진동	38	고농도 산소의 이용
19	주기적 작용	39	불활성 환경의 이용
20	유용한 작용의 지속	40	복합 재료

(**12** 등퍼텐셜(等potential): 위치, 에너지가 동등함, **29** 유체(流體): 기체와 액체를 아울러 말함, **30** 박막(薄膜): 기계 가공으로 만들 수 없는 두께 1000분의 1 밀리미터 이하의 막, **31** 다공질(多孔質): 작은 구멍이 많이 있는 성질, **35** 파라미터(parameter): 매개변수, **36** 상변화(相變化): 온도, 압력 등 외적 조건에 따라 상이 바뀌는 현상(고화, 기화, 응결 등), **37** 열팽창(熱膨脹): 물체의 온도가 올라감에 따라 그 길이, 면적, 부피가 늘어나는 현상, **38** 불활성(不活性): 열역학 등의 이유로 다른 화합물과 쉽게 반응하지 않는 성질–편집자 주)

조합을 응용한 '이야기 원반'

국제 TRIZ 협회의 '어린이를 위한 TRIZ 발명학교' 연구회에서는 40가지 발명 원리를 활용한 다양한 교육 프로그램을 개발했다. 그중 조합 원리(5번)를 응용한 학습법으로 '이야기 원반'이 있다. 이야기 원반이란 서로 관련 없는 키워드를 조합해 이야기를 만들어내는 것이다.

바늘과 원반을 회전시키며 등장인물, 장소, 사물을 조합해서 이야기를 만든다.

세 원반은 다음과 같은 구조로 이루어져 있다.

이야기 원반

- **바깥쪽 원반 → 이야기의 주인공**

  (소녀·소년, 개·고양이, 가공의 생물 등)

- **가운데 원반 → 주인공이 있는 장소**

  (산, 바다, 강, 도시의 빌딩숲, 학교 등)

- **안쪽 원반 → 이야기에 등장하는 중요한 사물**

  (보석, 자석, 자전거, 공 등)

각 원반을 조각으로 나누어 칸마다 키워드를 적는다.

학습자는 이 작업을 통해 이야기 만드는 기술을 익힌다. 만든 이야기를 바탕으로 그림을 그릴 수도 있다.

이야기 원반으로
새로운 이야기를 만들어보자

이야기 원반을 이용해 유명한 이야기나 애니메이션을 조합해서 새로운 이야기를 만들어내는 연습을 해보자. 다음과 같은 단계로 실시한다.

① 잘 알려진 이야기 4가지를 고른다

흥부와 놀부

신데렐라

이웃집 토토로
(미야자키 하야오 감독의 일본 애니메이션-옮긴이)

해리 포터
(영국 작가 J. K. 롤링의 판타지 소설-옮긴이)

② **바깥쪽, 가운데, 안쪽 원반에 각각 키워드를 적는다**

（예）　바깥쪽 → 흥부와 놀부, 신데렐라, 토토로, 해리 포터

　　　　가운데 → 초가집, 궁전, 숲, 학교

　　　　안쪽 → 주렁주렁 열린 박, 유리 구두,
　　　　　　　　하늘을 나는 우산, 마법 지팡이

③ **등장인물, 장소, 중요한 사물을 조합해 새로운 이야기를 만든다.**

（예）　신데렐라 + 학교 + 하늘을 나는 우산

　　　　토토로 + 초가집 + 유리 구두

　　주인공은 그 이야기에 나오는 다른 등장인물이어도 좋다. 장소를 바꾸는 것도 좋다. 중요한 것은 앞뒤가 맞고 재밌는 이야기를 만드는 일이다.

오스본의 체크리스트

TRIZ의 40가지 발명 원칙과 유사한 것으로, 미국의 사업가 알렉스 오스본(Alex Osborn, 1888~1966)이 만든 '오스본의 체크리스트'가 있다. 어떤 주제에 대해 다음과 같은 아홉 가지 관점에서 발상의 전환을 촉진한다.

- 전용 '다른 쓰임새가 있는가?'
- 응용 '다른 곳에서 아이디어를 빌려올 수 있는가?'

- 변경 '바꿔보면 어떨까?'

- 확대 '더 크게 만들어보면 어떨까?'

- 축소 '더 작게 만들어보면 어떨까?'

- 대용 '다른 물건으로 대체할 수 있는가?'

- 치환 '바꿔 넣으면 어떨까?'

- 역전 '반대로 해보면 어떨까?'

- 결합 '다른 물건과 조합해보면 어떨까?'

오스본의 체크리스트가 제시하는 아홉 가지 요소가 40가지로 늘어난 것이 TRIZ라고 생각하면 이해하기 쉽다. 이 체크리스트의 목적도 기존의 사물을 가지고 여러가지로 궁리해보면서 새로운 발상을 얻는 일이다.

5장

기록하기

코넬식 필기로
간결하게 정보를 정리한다

외국 대학교에 처음 갔을 때 놀란 부분은, 학기의 시작에 '노트테이킹'이라는 수업이 있다는 것이었다. 수업은 주 1, 2회였고(한 회에 약 90분) '어떻게 하면 필기를 잘 할 수 있을지' 다양한 아이디어와 기술을 배우는 시간이었다.

초등학교에서 대학교까지 수업 시간에 흔히 필기를 한다. 그러나 필기 방법은 학생마다 제각각이고, 칠판에 적힌 내용을 그저 베끼기도 한다. 또 수업 중에 필기하는 일은 대개 '수동적인 작업'으로 간주된다. 반면 서양의 학생들이 생각하는 필기는 공책의 공간을 최대한 활용해서 색색의 펜과 연필 등을 다양하게 사용하고, 자신의 머릿속을 정리하고,

자신의 의견도 함께 표현하는 적극적인 학습 형태의 하나다.

'필기가 뭐 대수라고'라는 생각이 들 수도 있다. 그러나 필기는 가르치는 쪽과 배우는 쪽의 상호작용으로 탄생하는 학습의 '전략'이다. '필기를 제패하는 자가 학문을 제패한다'라는 말이 있을 정도다.

필기의 역할

교육학자 보치와 피오라토 등의 학습방법론 연구에 따르면 필기에는 '정보의 기록'과 '기억의 보조'라는 두 가지 역할이 있다. 필기는 단순히 가르치는 사람의 말이나 칠판에 쓰인 내용을 옮기는 것이 아니라, 나중에 다시 활용하는 일도 포함하는 개념인 것이다. 그리고 비판적 사고를 반영한 필기가 학습자의 정보 기억 및 응용을 촉진한다는 의견도 계속해서 제시되고 있다.

필기 경험을 쌓으면 나중에 다시 봐도 이해하기 쉬운 효율적 필기 습관이 생긴다. 누가 읽어도 알기 쉬운 필기를 항상 작성할 수 있게 되면, 타인이 읽는 일을 전제로 한 필기(회의록 등)도 쉽게 할 수 있다.

코넬식 필기 습관을 익혀보자

필기의 대표적인 방법으로 '코넬식 필기(Cornell Note Taking, CNT)'가 있다. 코넬식 필기는 미국의 명문 코넬 대학교의 학생들을 위해 월터 포크(Walter Pauk, 1914~2019)가 고안한 필기법이다(그가 1989년에 쓴 《How to Study in College(대학에서 공부하는 법)》은 당대의 베스트셀러가 됐다). 공책 한 페이지를 세 영역으로 나누고 정보를 정리하며 쓰는 것이 기본이다.

코넬식 필기에서는 공책을 3개 영역으로 나눈다

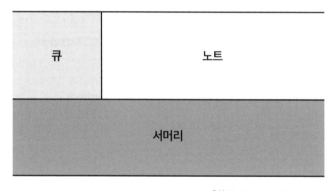

출처: The Cornell Note Taking System

○ **노트(note): 수업이나 회의의 내용을 메모하는 영역**
단어, 기호, 항목을 이용해서, 칠판에 적힌 내용 중 중요하다고 생각하는 부분만을 가능한 한 간결하게 정리한다. 빽빽하게 적지 않고 여백을 남겨서 복습할 때 메모를 추가할 수 있도록 한다.

○   큐(cue): 내용을 기억하기 위한 단서를 쓰는 영역

질문이나 힌트, 키워드를 쓴다. 큐를 정리하면 수업이나 회의 전체의 흐름을 파악하기 쉽다. 그리고 수업이나 회의 도중, 또는 끝난 후에 의문과 문제점을 상기하는 데 도움이 된다.

○   서머리(summary): 요약의 영역

수업이나 회의가 끝나고 나서 복습을 위해 생각을 정리한다. 또 다음 생각과 행동으로 연결하기 위한 요점을 적는다.

이렇게 필기 영역으로 나누면 정보를 간결하게 정리할 수 있고 내용을 이해하기 쉬워진다. 또 집중해서 수업을 들을 수 있고, 필요한 정보를 재빨리 취사선택하는 기술도 익힐 수 있다.

또 코넬식 필기는 여섯 개의 'R'로 학습의 순서를 제시한다.

○ Record(기록)

'노트' 영역에 수업 내용과 설명을 간결하게 쓴다.

○ Reduce(단축)

'큐' 영역에 전체 내용을 쓰지 않고 짧은 문장으로 쓰거나,
조사나 부사를 생략하는 등 정보를 취사선택한다.

○ Recite(암송)

'노트' 영역을 가린 채 '큐' 영역의 질문이나 키워드를 보고
설명할 수 있는지 확인한다.

○ Reflect(반추)

무엇이 중요한가, 어떤 원리가 있는가,
어떻게 응용할 수 있는가 등을 더욱 깊이 생각한다.

○ Review(복습)

지금까지 필기한 내용을 복습한다

(매주 최소한 10분 정도).

○ **Recapitulate(요약)**

나중에 다시 보기 위해 '서머리' 영역에 주의점이나

앞으로의 방향성 등을 메모한다.

코넬식 필기로 작성한 내용을 그날 중으로 복습하고 '큐' 영역과 '서머리' 영역에 기입한다. 그리고 시험이나 발표가 다가오면 필기를 다시 읽는 습관을 들인다.

요령 중 하나는 페이지의 오른쪽을 가린 채 왼쪽의 큐를 이용해서 자문자답하듯 기억을 일깨워, 머릿속에서 설명할 수 있도록 하는 것이다. 또 학습한 내용을 효율적으로 활용하기 위해 특히 서머리 영역을 잘 정리한다.

나는 신입생 대상의 수업에서 코넬식 필기를 소개한다. 강의뿐만이 아니라 직장 내 회의나 면접, 강연회에서 메모를 할 때도 코넬식 필기는 매우 큰 도움이 된다.

○ **코넬식 필기를 이용해 기록해보자**

필기를 연습할 때는 친숙한 주제를 많이 다루는 TV나 인터넷 동영상을 이용하면 좋다. 흥미가 있는 내용이면 더 즐기면서 연습할 수 있다.

필기도구를 준비하고 코넬식 필기의 세 가지 영역과 여

섯 가지 R을 확인한 후, 다음의 3단계로 기록해보자.

①　재료를 찾는다

TV나 인터넷에서 뉴스, 인터뷰, 애니메이션, 영화 등 자신이 관심 있는 대상을 하나 고른다. 우선은 연습을 위해 뉴스처럼 내용이 짧은 것을 선택하자.

②　코넬식 필기 방식으로 받아 적는다

뉴스나 동영상을 시청하면서 코넬식 필기의 '노트'와 '큐' 영역에 받아 적는다. 들은 내용을 전부 쓰는 것이 아니고, 나중에 다시 보았을 때 요점을 확실하게 알 수 있게 정리한다.

　　중요한 점은 정보를 취사선택하는 자세다. 자신만의 그림이나 기호를 사용하면 친숙함을 느낄 수 있다.

③　서머리해서 다시 읽는다

필기를 마치고 나면 내용을 요약하고 중요한 부분, 이야기의 요지, 향후의 전개 등을 덧붙인다. 정보를 정리하고 더 넓은 시야를 가지는 능력이 생긴다.

　　소재를 바꾸어 가며 이 3단계를 되풀이해서 연습하자.

익숙해지고 나면 다큐멘터리나 인터뷰 등 비교적 내용이 길거나 듣기 중심인 것을 골라 필기해보자. 이제 단순히 칠판에 적힌 내용을 베끼는 것이 아니라 사고가 깊어짐을 실감할 수 있다. 나중에 다시 들여다봐도 자신이 어떻게 생각하고 결론을 내렸는지 알 수 있어 지식과 정보가 기억에 더 쉽게 정착한다.

레오나르도 다빈치의 메모

명화 〈모나리자〉와 〈최후의 만찬〉을 그린 레오나르도 다빈치(Leonardo da Vinci, 1452~1519)가 과학과 예술 분야의 폭넓은 구상을 기록한 '코덱스 아룬델(Codex Arundel)'은 매우 아름다운 노트로 알려져 있다.

　　왼손을 사용해 오른쪽에서 왼쪽으로 작성했으며, 도표, 데생, 간결한 문장으로 이루어져 있다. 학문적 창의성뿐만 아니라 예술적인 가치도 인정받고 있다. 코덱스 아룬델은 대

영박물관에 보관되어 있으며 현재는 고해상도 디지털 사본
의 형태로 공개되어 있다. 꼭 열람해보기를 권한다.

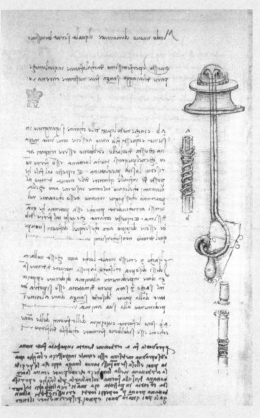

코덱스 아룬델 중에서,
다이버를 위한 수중 호흡 장치 연구

마인드맵으로
생각을 비주얼로 만든다

나는 대학교에서 세계 각국의 학생들이 함께 듣는 '국제 공동 수업'을 20년 넘게 해오고 있다. 사용하는 언어는 영어이며, 이(異)문화 커뮤니케이션과 비교교육학에 대한 학생들의 조별 발표를 통해 교류를 넓히고 지식을 배우는 일을 목적으로 한다.

국내 학생만 있는 수업이라도 이런 시도를 하는 데는 시간과 노력이 드는데, 전 세계의 유학생들과 함께, 그것도 영어로 진행하는 일은 더욱 힘들다. 언어만으로 생각을 나누거나 펼칠 수 없는 경우, 나는 학생들에게 함께 '마인드맵'을 그리도록 지시한다.

교육학과 뇌과학의 관점에서 보는
마인드맵의 효과

마인드맵은 영국의 비즈니스 컨설턴트인 토니 부잔(Tony Bu-zan, 1942~2019)이 1970년대에 고안한, 사고를 정리하고 분류하며 기억하기 위한 기술이다. 부잔의 저서인《마인드맵 북》을 비롯해 마인드맵에 관한 수많은 서적이 전 세계에서 출판되어 학교 교육 현장, 구글과 애플 등의 세계적 기업, 스포츠 단체, 공공기관 등 다양한 조직에서 활용되고 있다.

교육학 분야에서는 마인드맵을 사용하기 전과 사용한 후의 대학생들을 대상으로 조사한 결과, 차이가 검증되었다. 오른쪽 페이지와 같이 '사고의 정리' '대상의 파악' '작업 효율' 등에서 학습 효과가 높아진다는 사실이 밝혀졌다.

뇌과학의 관점에서 보면 마인드맵은 '방사형 사고'를 주장한다. 방사형 사고란 뇌가 받아들인 감각과 기억 정보를 서로 관련지으면서 방사형으로 펼쳐 나가는 패턴이다. 이것은 우뇌(오감, 이미지 형성 능력, 기억력, 상상력, 영감)와 좌뇌(언어, 계산, 논리적 사고)의 연결을 강화해서 지식의 수용을 촉진한다고 한다.

마인드맵의 효과

- 계획적으로 작업할 수 있다.
- 대상을 정리할 수 있다.
- 머릿속을 정리할 수 있다.
- 생각을 명확히 할 수 있다.
- 대상의 전체 모습을 파악할 수 있다.
- 대상의 세부를 파악할 수 있다.
- 대상에 집중할 수 있다.
- 시간을 적절히 사용할 수 있다.
- 효율적으로 작업할 수 있다.
- 차분히 생각할 수 있다.

다카하시 후미노리, <마인드맵이 학습 효과를 높이는 요인의 검증> 중에서

최근에는 코칭 분야에도 마인드맵이 도입되고 있다. 코칭은 개인이 목표를 달성하는 데 필요한 지식과 기법을 가르치고, 최단 시간에 성과를 얻도록 지원하는 일이다. 이때 마인드맵은 상호소통을 신속하게 해주고 문제를 발견하고 대응하는 등 목표 달성 과정 전체를 눈에 보이게 해준다.

마인드맵의 기본과 작성법

마인드맵의 작성법은 다양하다. 여기서는 토니 부잔의 저서를 참고하면서 간단한 맵을 그리는 법을 설명하겠다.

마인드맵에는 다음과 같은 세 가지 요소가 있다.

- **중심 → 자신이 원하는 주제**
- **가지 → 중심에서 바깥쪽을 향해 뻗어 있는 곡선**
- **키워드 → 열쇠가 되는 단어**

선에는 3색 이상을 사용하는 것이 기본이다. 선의 굵기와 스타일을 조정함으로써(바깥쪽을 향할수록 가늘어짐) 중요도를 알기 쉽게 나타낸다. 또 직선보다 곡선을 사용하면 여백을 활용할 수 있고 이미지도 부드러워진다.

마인드맵을 그리는 종이에 대해 이야기하자면, A4~A3 크기의 무지를 가로 방향으로 놓고 그리면 연상과 이미지를 펼치기 쉽다.

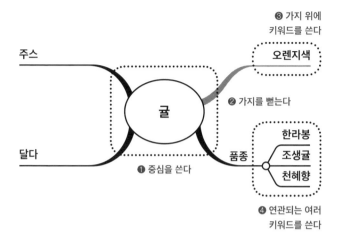

마인드맵의 예

다음과 같은 단계로 마인드맵을 그려보자.

① **중심을 쓴다**

예시에서는 '귤'이 중심이다.

    우선 종이 한가운데에 주제와 관련된 말을 쓰거나 그림을 그린다. 말의 길이는 단어 하나가 좋다. 아무리 길어도 단어 세 개 정도로 제한한다.

    중심이 중요하므로 글씨를 크게 쓰거나 여러 색상을 사용하자.

② 중심에서 가지를 뻗친다

예시에서는 총 여섯 개의 가지를 그렸다.

중심의 추상적인 아이디어에서 구체화해간다는 느낌으로, 가지는 크고 굵게 그리기 시작해서 바깥으로 향할수록 서서히 작아지고 가늘어지도록 한다.

시계의 1시 방향에서 시작해서 시계방향으로 작성하기 시작한다. 그 후에는 어디서부터 작성해도 괜찮다.

③ 가지 위에 단어를 쓴다

하나의 가지에 하나의 단어를 쓴다. 예시에서는 '한라봉' '조생귤' '천혜향' 등을 썼다.

글씨와 가지 중 무엇을 앞에 두느냐는 자유다. 적절히 밑줄을 그어도 된다.

④ 가지를 확장해나간다

가지를 더 확장해가는 동안 처음에는 생각하지 못했던 아이디어가 머릿속에 떠오르기도 한다. 그럴 때는 주저하지 말고 거침없이 적는다.

⑤ 완성하고 나면 전체를 보고 빠진 부분이나 실수가 없는지 확인한다

예를 들어 목표에 관한 마인드맵을 작성할 경우는 비교적 난이도가 낮은 항목부터 시작해서 점차 난이도를 높여 나간다.

중요한 점은 '깔끔하게 정리해야 한다는 부담을 갖지 않는 것'이다. 아이디어가 떠오르지 않거나, 마인드맵이 깔끔하게 그려지지 않거나, 글씨 또는 그림 솜씨가 없다는 이유로 너무 고민하면 오히려 사고에 제한이 생긴다. 마음 가는 대로, 자연스럽게 떠오르는 연상을 즐겁게 채워나가자.

카드놀이로 즐기는 마인드맵

교육대국으로 알려진 핀란드에서는 마인드맵을 바탕으로 개발한 '카드놀이'를 수업에 도입하고 있다. 이 카드놀이는 사고력을 기르는 학습법이다. 혼자든 여러 명이든 재미있게 즐길 수 있는 게임이다.

마인드맵의 기본을 따라 다음과 같은 단계로 마인드맵을 그려 보자.

① **중심을 쓴다**

（예）　중심을 '컴퓨터'로 정한다.

② **질문을 따라 가지를 확장한다**

（예）　무엇인가? → 기계, 도구, 입체

그것을 가지고 어떤 일을 하는가?
→ 공부한다, 일한다, 게임을 한다

어떤 성질이 있는가? → 편리, 신속, 현대적, 간편

③ **상상을 펼친다**

'어떤 성질이 있는가?'에서 나온 '신속'이라는 단어에서 더
가지를 뻗친다고 하자.

（예）　컴퓨터 → 어떤 성질이 있는가? → 신속
→ 시간 → 나이

'컴퓨터'와 '시간'의 관계에서 얼른 떠오르는 것은 '정보

246

처리 속도가 빠름'이 있을 수 있다. 한편 금방 떠오를 만한 말은 아니지만, '시간'에서 더 나아가 '나이'를 연상했을 수도 있다. 이것을 연결해서 '나의 나이 든 모습을 예측하는 앱'이라는 아이디어를 낼 수 있다.

마인드맵으로 생각을 눈에 보이게 하면 때때로 엉뚱한 발상들이 튀어나와 생각지 못한 방향으로 전개되는 재미가 있다.

그림이 좀처럼 잘 그려지지 않는 마인드맵 초심자, 또는 손으로 그리는 것이 귀찮은 사람은 'EdrawMind' 'FreeMind' 'Frieve Editor' 'Text2MindMap' 등의 프로그램을 이용할 수 있다. 이미 대학교와 직장에서 널리 쓰이고 있으며, 나 역시 학회 발표를 구상할 때 많이 사용하고 있다.

국제적 기준에 맞는 에세이를 쓴다

외국 학교에서는 매일 에세이(essay)가 숙제로 나온다. 일반적으로 우리가 떠올리는 에세이는 경험, 감상이나 기분을 자유롭게 써내는 글, 소위 '수필'이다. 일본의 요시모토 바나나 작가가 쓴 〈바나나 키친〉, 한국의 피천득 작가가 쓴 〈인연〉 등 매우 유명한 수필이 많다. 한편 영어에서 말하는 에세이는 자신의 생각을 정리하고 기술한 '소논문'이라고 볼 수 있다.

  내가 일하는 도쿄 외국어 대학교에서는 '유학 200%'라는 슬로건으로 학생들에게 재학 중 단기유학(1~3개월 정도)과 장기유학(6개월~1년 정도)을 한 번씩 다녀오도록 권장한다. 100퍼센트의 유학 경험이 두 번이니 200퍼센트라는 뜻이다. 그러나 유학을 가는 데 필요한 영어 시험(토플)에서 고득점을 올린 학생이라도 막상 현지에서 에세이를 쓰게 되면 문장 구조와 논리 전개 때문에 악전고투한다.

영어권에서는 우리가 좋아하는 '기승전결'의 글쓰기 방식이나 '내 생각에는~(I think~)' 같은 추측 표현을 바람직하게 여기지 않는다. 서양식의 에세이는 우리가 학교 수업에서 경험한 자유 작문과는 완전히 다르며, 우리는 이런 에세이를 써볼 기회가 그다지 없다. 유학을 하면서 영어로 에세이 쓰기가 어렵다고 호소하는 사람들이 적지 않은데, 아주 자연스러운 현상이다.

서양에서는 의무교육 단계부터 에세이 쓰는 법을 배운다. 국제 기준의 에세이를 쓰는 일은 곧 자신의 생각을 정리하고 누구나 알기 쉽게 전달하는 글을 쓰는 일이다. 그러기 위해 어떤 형식, 표현, 구성을 선택해야 할지를 배우므로 전달 능력이 길러진다. '자신의 의사를 글로 표현하는 기술'이 곧 에세이이며, 학습 초기 단계에서 익힐 필요가 있다.

에세이의 7가지 종류

영어의 에세이 종류 중 주된 것은 아래의 일곱 가지다.

○ **Process Essay(과정)**

시간이나 순서 등의 프로세스를 따라 내용을 열거한다.

○ **Argument Essay(논의)**

사례를 들어 논증한다.

○ **Description Essay(기술)**

역사나 문서 등 사실을 기술한다.

○ **Definition Essay(정의)**

주제에 대한 정의를 쓴다.

○ **Classification Essay(분류)**

대상이 어느 범주로 분류되는지 밝힌다.

○ **Cause-and-Effect Essay(원인과 결과)**

현상의 원인과 결과를 쓴다.

○ **Comparison-and-Contrast Essay(비교와 대조)**

여러 대상을 비교하고 대조한다.

250

어떤 주제를 쓰느냐에 따라 에세이의 종류를 달리 선택해야 한다. 대학교 과제에서는 'Argument Essay(논의) 형식으로 논하시오'와 같이 형식을 지정하는 경우도 있다.

좋은 에세이에는 틀이 있다

그러면 좋은 에세이를 쓰기 위해서는 어떻게 해야 할까? 우선, 쓰고자 하는 내용이 무엇이든 영어 에세이에는 '기본 틀'이 있다. 에세이는 문단(paragraph)으로 이루어져 있고, 문단은 각각 역할이 있다. 또 문단 구성을 통한 논리의 흐름이 정해져 있기 때문에 주장이 명확하게 전개된다. 구체적으로 문단 구성은 아래와 같다.

○ **제 1문단: 서론(Introduction)**
다음과 같은 3단계로 에세이의 주제와 자신의 의견을 서술한다.

- **서두(Introductory Statement)**
  → **주제에 관련된 정보**

· 배경(Background)

→ 주제의 개요 설명

· 주장(Thesis Statement)

→ 에세이를 통해 전달하고자 하는 자신의 주장

○   제 2~4문단: 본론(Main Body)

자신의 주장을 뒷받침하기 위해 문단마다 다양한 사실, 근거, 원인을 제시한다.

　　기본적으로 본론은 3문단 정도로 쓴다. 각 문단의 첫 부분에 '이 문단은 무엇에 대한 것인가'라는 문장(Topic Sentence)을 반드시 넣고, 그 바로 다음에는 뒷받침하는 문장(Supporting Sentence)을 넣는다.

○   제 5문단: 결론(Conclusion)

다음과 같은 3단계로 쓴다.

· 논지 바꾸어 말하기(Restatement)

→ 표현을 바꾸어서 자신의 의견을 다시 한번 말한다.

· 요약(Direct Summary)

→ 에세이의 내용을 간단히 요약한다.

- 결론(Final Statement)
→ 마지막으로 독자에게 하고 싶은 말을 의식하며 쓴다.

영어 에세이의 틀

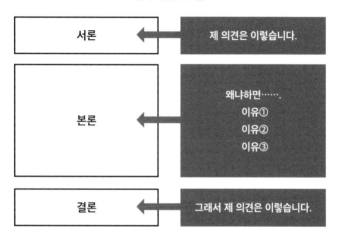

에세이를 쓸 때의 3가지 핵심

에세이를 쓸 때 다음과 같은 점을 주의하자.

○ 논거를 정확히 밝힌다

특히 본론(Main Body) 부분에서 자신의 주장과 이유를 쓸 때 객관적인 사실이나 숫자 등을 제시해서 근거로 삼을 필요가 있다. 선행 연구, 주요 신문 등 신뢰할 수 있는 문헌, 자료, 정보로 뒷받침하자. 문헌과 논문 등은 대학교 도서관과 인터넷 학술 사이트(RISS, KISS, Google Scholar)에서 구할 수 있다.

○ 절대 '복붙'이나 '도용'을 하지 않는다

다른 사람의 책이나 논문에서 문장을 '복사해서 붙여넣기' 했다가 발각되면 표절, 도용작 취급을 받으며, 최악의 경우 퇴학 등의 엄벌을 받는다. 최근에는 복사해서 붙여넣기를 찾아내는 시스템과 앱이 개발되어 대학교에 도입되었다.

자신의 말로 글을 쓰는 일이 원칙이며, 타인의 문장을 꼭 쓰고 싶다면 인용 부호로 해당 부분을 표시하고 어디에서 인용했는지 명기해야 한다.

○ 정해진 글자 수에 맞춘다

서양의 대학교에서는 '3000 words'와 같이 글자 수가 정해진 에세이를 요구하는 경우가 있다. 그 경우는 기본적으로는 본론(Main Body)의 분량을 늘리거나 줄여서 전체를 조정한다. 서론이 길고 논거가 약한 용두사미 식의 글을 쓰는 경향의 사람이 많으므로 의식해서 주의하자.

논의형 에세이를 써보자

이제 Argument Essay(논의형 에세이)를 쓰는 연습을 해보자. 논의형 에세이는 어떤 사건이나 현상에 대해 찬성 또는 반대 입장에서 논하는 형식이다. 자신의 의견에 대한 의견, 상세한 내용, 예시를 설명함으로써 '독자를 설득하는' 것이 목적이다. 서양의 대학교 에세이와 서술형 시험에서 가장 많이 등장하는 형식이다. 여기서는 아래의 과제를 예로 들겠다.

 Q. '공공시설의 전면 금연에 대해 어떻게 생각합니까?'

서론

[서두]
흡연을 규제하는 법률의 제정을 계기로 공공시설의 전면 금연이 자주 보도되고 있다.

[배경]
담배는 직접흡연의 형태로 본인에게, 그리고 간접흡연의 형태로 타인에게까지 큰 피해를 준다.

[주장]
다음과 같은 세 가지 이유로 공공장소의 전면 금연은 반드시 실시해야 하는 조치라고 생각한다.

본론

[무엇에 대한 문단인가] ①

첫째, 의학적인 관점에서 자신뿐만이 아니라 타인에게도 질병을 유발할 가능성이 높기 때문이다.

[근거] ①

○○ 연구에 따르면 △△퍼센트의 확률로 암을 비롯한 질병이 발생하며, 그중 ××퍼센트의 사람들은 흡연을 하지 않음에도 그 질병에 걸린다는 자료가 있다.

[무엇에 대한 문단인가] ②

둘째, 환경학의 관점에서……

[근거] ②

[무엇에 대한 문단인가] ③

셋째, 안전의 관점에서……

[근거] ③

결론

[논지 바꾸어 말하기]

공공장소에서 모든 형태의 흡연을 금지하는 일이 시급한 과제다.

[요약]

위에서 언급한 세 가지 사항은 결코 간과할 수 없는 의학적 및 사회적 문제를 일으키고 있다.

[결론]

공공장소의 전면 금연이 실시되기를 기대한다. 한편에선 '숨은 흡연'의 증가로 이어진다는 견해도 있으므로 적정히 '분리된 흡연' 공간의 확보라는 측면 등도 고려하며 다음 검증을 해나가고 싶다.

동양인의 논리 전개는 '소용돌이'

서던 캘리포니아 대학교의 언어교육학자 로버트 B. 캐플란 (Robert B. Kaplan, 1929~)은 민족에 따라 대화나 글 속의 논리 전개가 다르다는 사실을 밝혀냈다. 캐플란은 다양한 언어 배경과 문화 배경을 지닌 외국인 학생들에게 영어 작문을 가르친 경험을 바탕으로, 글을 읽고 그 글을 동양인이나 아랍인 등 어느 민족이 작성했는지 판별할 수 있다고 주장한다.

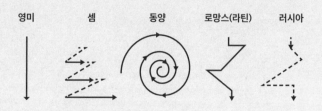

영미   셈   동양   로망스(라틴)   러시아

출처: CULTURAL THOUGHT PATTERNS IN INTER-CULTURAL EDUCATION, Robert B. Kaplan

캐플란은 위와 같은 그림으로 논리 전개의 차이를 설명했다. 영어권 사람들의 글은 논리 전개가 '직선형'인 반면 동양권 사람들의 사고는 '소용돌이형'이 되는 경향이 있다고 한다.

전형적인 영어 에세이는 '나는 핵무기 폐지에 찬성하는 입장이다. 왜냐하면……'과 같은 형태로 결론을 먼저 제시한 후 이유나 원인을 서술한다. 그러나 우리는 주변 상황의 설명부터 시작해서 빙글빙글 소용돌이처럼 논의한 후 결론은 마지막에 내놓는다. 그래서 영어권 사람이 동양 사람의 글을 보면 도대체 무슨 말을 하고 싶은지 알지 못한다는 것이다.

이처럼 논리 전개에 차이가 나타나는 원인을 분석한 미국의 언어학자 존 하인즈는, 글을 통해 커뮤니케이션할 때 동양에서는 읽는 사람에게 책임이 있는 반면(reader responsible) 영어권 사회에서는 쓰는 사람에게 책임이 있다고(writer responsible) 말한다. 동양에서는 쓴 사람이 무슨 말을 하려는지 읽는 사람이 헤아려야 하지만, 영어권에서는 자신의 의도가 확실히 전달되도록 의식하며 글을 쓰는 일이 중요하다.

일본의 경우, 애매한 문장 표현은 마을 단위였던 사회에서 분쟁을 피하기 위한 처세술로 탄생했다는 역사적 배경이 있다. 또 조화를 중시하는 정신이 반영되었다고 생각할 수 있다. 즉 문장 표현은 각 민족의 문화 발전과 함께 형성된 것이라 결론에 도달하는 데 어느 방식이 좋다, 나쁘다고는 할 수 없다. 그러나 영어권에서 에세이를 쓸 때는 문화와 배경이 다른 사람들을 위한 글쓰기, 또는 읽었을 때 의도를 확실히 알 수 있는 글쓰기가 요구된다. 애매한 화법, 찬성인지 반대인지 알 수 없는 표현은 쓰지 않고, 하고 싶은 말을 제대로 하는 글쓰기를 기본으로 삼을 필요가 있다.

4행 일기로 자신을 시각화한다

스스로 생각하고, 생각을 정리하고, 글로 표현하는 능력을 기르기 위해서는 우선 글쓰기를 부담스러워하는 자세를 버리고 글쓰기 자체를 즐기는 게 중요하다. 요즘 '일기'가 그러한 학습법으로 주목받고 있다. 일기를 쓰는 일은 머릿속의 다양한 정보를 집약 및 정리하는 인풋과 그것을 글로 표현하는 아웃풋의 요소가 모두 포함되어 있다는 점에서 들이쉬고 내쉬는 배움의 '호흡'을 체현하는 행위다.

일기가 배움에 효과적인 이유

일상생활에서 일기를 쓰면 어휘가 풍부해지고 글쓰기 능력이 향상된다는 사실은 여러 국어교육 연구가 밝히고 있다. 쓰기를 통해 그 상황에 적절한 단어가 무엇인지 머릿속에 정착되고, 또 일상의 사건들을 객관적으로 기록하는 데 더해 자신의 생각을 덧붙이는 습관이 형성된다.

청년심리학 분야에서는 일기 자체가 사람의 감정과 사고에 어떤 영향을 미치는지가 연구되고 있다. 일기를 쓰며 하루하루 행동을 돌아보는 것이 자기긍정감(자신을 소중하고 긍정적인 존재로 느끼는 것)과 건강한 반성과 성장으로 이어진다고 한다.

일본 내 자율신경 연구의 일인자인 고바야시 히로유키(小林弘幸, 1960~)는 자율신경의 균형을 잡는 방법으로 '자기 전에 일기 쓰기'를 들었다. 손으로 일기를 쓰면서 호흡이 안정되고 심신이 편안해지는 작용이 있다고 한다. 또 다른 의학 연구에서는 일기를 쓰며 하루 동안 일어난 일들을 떠올리는 습관이 들면 노화와 함께 쇠퇴하는 단기 기억력을 연마할 수 있다고 한다.

긍정적인 감정과 부정적인 감정, 의문과 불안 등 머릿속에 떠오르는 것들을 자유롭게 써내려가는 일을 '저널링(jour-naling)'이라고 한다. 저널링은 스트레스의 원천이 되는 호르몬인 코르티솔의 분비를 억제한다는 연구 결과가 있다.

초등학교 때 방학 숙제로 일기 쓰던 일을 생각하면 '귀찮다'는 감정이 떠오르고, 일이나 공부로 바쁘다면 '일기 쓸 시간이 어디 있어!'라고 생각할 수도 있다. 그러나 일기의 효과를 알지 못하고 살아간다면 너무나도 아까운 일이다.

4행 일기로
가볍게 일기 쓰는 습관을 들인다

일기가 어렵거나 귀찮게 느껴진다면 우선 '4행 일기'부터 시작해보자. 단순히 하루 동안 있었던 일을 네 줄로 정리하는 것이다. 교육학 박사이자 경제학 박사인 고바야시 게이치가 《하루 5분 목적·목표를 달성하는 4행 일기》(국내 미출간-옮긴이)에서 주장한 방법이다. 단 네 줄을 쓸 뿐이므로 몇 분이면 끝나고 부담이 없기 때문에, 작심삼일인 사람도 습관을 들이기 쉽다.

4행 일기는 '네 줄로 쓴다' '감상문 형식으로 쓴다'라는 두 가지 사항만 지키면 마음대로 써도 되는데, 더 가벼운 마음으로 쓰는 요령이 있다.

○ 자신의 환경과 시간에 맞춘다

다음과 같이 자신의 마음이 차분해지는 환경에서 쓴다.

- 나에게 맞는 필기도구를 사용한다.
- 좋아하는 음악을 들으며 쓴다.
- 취침 전(또는 시간에 여유가 있을 때)에 쓴다.
- 숨을 고르고 차분한 상태로 쓴다.

○ 내용의 패턴을 알아둔다

아무 내용이나 써도 된다고 하면 오히려 혼란스러울 수도 있다. 다음과 같은 패턴을 알아두면 쓰기 쉬울 것이다.

- 좋았던 일 또는 싫었던 일
- 새롭게 할 수 있게 된 일
- 성공 또는 실패
- 솔직한 기분
- 참았던 일
- 감사한 일

- **의식주와 관련된 에피소드(맛있었던 식당 등)**
- **TV 또는 영화**

네 줄 속에 내용을 배치하는 데에도 양식이 있다. 아래의 그림은 '사실' '발견' '교훈' '선언'으로 4행 일기를 정리한 것이다.

4행 일기를 정리한다

1행	사실(그날 일어난 일 중 하나를 고른다)
2행	발견(일어난 일에서 얻은 영감이나 발견한 사실을 쓴다)
3행	교훈(발견에서 배운 점을 쓴다)
4행	선언(1~3행을 바탕으로, 이상적이라고 생각하는 모습을 강하게 선언한다)

'사실' '발견' '교훈' '선언'으로
4행 일기를 써보자

앞에서 설명한 양식을 활용해서 4행 일기를 써보자. 여기서는 '오늘 처음으로 도예 교실에 다녀왔다'를 예로 들겠다.

(사실) 오늘은 전부터 관심이 있었던 도예 교실에 처음 다녀왔다.

(발견) 혼자보다 다 같이 왁자지껄하게 도자기를 만드니 더 재미있다.

(교훈) 계속 다니면 새로운 사람과 작품을 더 많이 만날 수 있을 것이다.

(선언) 언젠가 내 도자기 전시회를 열고 싶다.

4행 일기는 단순한 것이 장점이며, 친숙해지면 다양한 작성 방식과 조합을 고안할 수 있다. 예를 들어 앞으로 실시할 일을 마치 이미 실시한 것처럼 쓰는 '미래 일기'(자신의 성장을 머릿속에 더욱 또렷하게 그리는 효과), 트위터 등의 SNS를 통해 남들에게 보여준다는 전제로 쓰는 '공개 일기'(짧은 글을 간결하게 쓰는 연습) 등이 있다. 자신에게 맞는 방법을 선택하면 동기부여가 계속 이뤄질 것이다.

글쓰기의 지도법과 학습법은
아직 표준화되지 않았다

일본에서는 2021년부터 '대학입시센터시험(한국의 수학능력시험과 다소 비슷함 – 옮긴이)'이 폐지되고 '대학입학공통테스트'가 새롭게 시작된다. 이 시험의 국어 과목에서 서술형 문제가 도입된다. 학습지도요령이 크게 개정되면서 초등학교, 중학교, 고등학교의 국어교육에서 '서술 능력과 논리력의 육성'이 주요 목적이 되었다.

국어 외에 영어와 수학 시험에도 서술형 문제가 도입된

다. 학회 심포지엄들에서는 '아마 그 과목들의 평균 점수가 크게 내려갈 것이다'라고 예측하고 있으며, 관련된 연구 논문도 나오고 있다. 주된 원인은 기존의 객관식 문제와 달리 개인의 서술 능력과 논리적 표현력을 요구하는 점 때문이다. 또 서술형 문제를 위한 지도법과 학습법도 아직 표준화되지 않았다는 지적이 있다.

수험생들 중에는 서술형 문제가 싫다고 느끼는 사람이 적지 않을 것이고, 솔직히 말하면 나도 그중 한 명이었다(지금은 글쓰기가 중심인 일을 하고 있지만……). 그 원인은 학교 교육에 있지 않을까 생각한다. 지금은 조금 개선된 모양이지만 내 세대 학생들의 작문 과제는 그저 독후감 정도였다. 대개는 줄거리만 쓰는 학생들이 많았고 정돈된 글이 나오기 어려웠다.

별다른 지도나 학습 없이 쓰고 싶은 대로 쓰는 것은 좋지만 초등학교와 중학교 아이들이 글을 어떻게 써야 할지 몰라 시간이 걸리고, 혹시나 그 때문에 글쓰기 배우는 일을 괴롭게 느끼거나 글쓰기 자체를 꺼리는 마음이 심어질까 봐 조금은 우려스럽다. 아이 아닌 성인이라도 글쓰기에 대해 어려움을 겪는 이들이 많으니, 우선은 앞에서 소개한 4행 일기를 통해 천천히 글쓰기에 친숙해지기를 바란다.

의견과 이유의 연결을
자연스러운 습관처럼

남이 의견을 물을 때 다음과 같은 경험을 한 적이 있는가?

'어떻게 말해야 하는지 망설였다.'

'생각을 정리하는 데 시간이 걸렸다.'

'결국 내가 무슨 말을 하고 싶은 건지 알 수 없었다.'

이러한 상황이 발생하는 이유 중 하나는 자신의 '의견'과 거기에 따르는 '이유'를 연결하는 방식에 익숙치 않아서이다.

의견과 이유를 연결하는
4가지 방식

의견과 이유를 연결하는 기본적인 '틀'을 익히면 도움이 된다. 어떤 틀이든 우선 찬성이나 반대 등 자신의 의견을 말하고, 그다음에 이유를 말한다.

○ **평행열거법**

주된 이유의 개수를 말한 후 순서대로 설명해서 듣는 사람의 머릿속에 쉽게 각인되도록 한다.

(예) "저는 ○○○에 찬성합니다. (주된 이유)이기 때문입니다."

"저는 ○○○에 반대합니다. 그 이유는 세 가지입니다. 첫째로 (이유), 둘째로 (이유), 셋째로 (이유)이기 때문입니다."

○ **중요도 서열법**

중요도와 난이도가 높은(또는 낮은) 것부터 순서대로 말해서 우선순위를 알기 쉽게 한다.

"저는 ○○○가 좋다고 생각합니다. 그 경우는 이런 순서로 하면 좋을 것입니다. 제일 중요한 것은 ( ), 그다음으로 중요한 것은 ( ), 마지막으로 보조적이기는 하지만 ( ) ⋯⋯때문입니다."

○ **비교제시법**

대상을 비교하여 중요한 것과 중요하지 않은 것을 대조하는 효과가 있다.

 "저는 □를 지지합니다. 그 이유는 □와 △를 비교하면 (이유)라고 생각되는데, □가 옳다고 판단되기 때문입니다."

○ **가정법**

실제로는 일어나지 않았지만 가능성이 있는 상황을 가정하고 거기서 정당성을 이끌어낸다. 상대방의 의견에 배경이 된 상황을 바꿈으로써, 도출되는 결론을 보여주는 효과가 있다.

 "저는 ○○○가 옳다고 생각합니다. 왜냐하면 (가정한 상황)이라면 (이유)가 될 것이라고 생각하기 때문입니다."

평행열거법을 이용해
의견을 정리해보자

노트북과 데스크톱 컴퓨터 중 초보자에게 무엇이 더 적합할까? 다음과 같은 의견을 평행열거법으로 제시해보자.

　"데스크톱 컴퓨터가 노트북보다 공간은 더 많이 차지하지만, 그만큼 화면과 키보드도 크기 때문에 문서를 작성할 때 초보자가 더 쉽게 사용할 수 있습니다. 또 영화를 보거나 게임을 할 때도 박진감이 있습니다. 그리고 똑같은 성능이라면 데스크톱의 가격은 노트북보다 상당히 저렴합니다."

"초보자가 컴퓨터를 살 경우 노트북보다 데스크톱 컴퓨터가 더 좋다고 생각합니다. 그 이유는 세 가지를 들 수 있습니다.

첫째는 화면과 키보드의 크기입니다. 데스크톱은 노트북보다 공간을 많이 차지하지만, 그만큼 화면과 키보드도 크기 때문에 초보자가 사용하기 쉽습니다.

둘째는 영화나 게임을 즐길 때 박진감이 있습니다.

셋째는 가격입니다. 똑같은 성능이라면 데스크톱의 가격은 노트북보다 저렴합니다.

이런 이유들로 초보자에게는 데스크톱을 권합니다."

발언의 타이밍을 조절해
최고의 효과를 노린다

남들 앞에서 의견을 말할 때 발언의 타이밍과 상황에 따라 의견의 내용·기능을 바꿀 수 있다. 다음의 세 가지 방법을 활용하라.

○ **선수(先手) 필승법: 간단한 의견으로 논의를 시작한다**

여러 사람이 모두 의견을 말해야 하는 자리여서, 자신의 의견을 말하는 일이 어색하지만 반드시 발언해야만 하는 경우에는 가능한 한 앞 순서에서 간단히 의견을 말하자. 처음 의견을 말하는 일은 용기가 필요하지만, 간단한 내용이라 해도 '발언' 그 자체에 의의가 있으며 그 발언을 통해서 주위 사람들도 의견을 말하기 쉬운 상황이 된다.

발언 내용이 그 자리의 상황에 걸맞은 경우에는 '초두효과(Primacy Effect)'를 기대할 수 있다. 초두효과란 폴란드 출신의 심리학자인 솔로몬 애시(Solomon Asch, 1907~1996)가 주장했으며 '사람은 첫인상을 통해 상대방을 인식하는 경향이 있다'는 개념이다.

예를 들면 '지적이다, 근면하다, 충동적이다, 비판적이다, 완고하다, 질투심이 많다'는 순서로 인물을 묘사한 후 어떤 인상을 받았는지 질문하자 '좋은 인상'이라는 답변이 돌아오고, 반대 순서('질투심이 많다'부터 말함)인 경우에는 '나쁜 인상'이라는 답변이 돌아왔다는 실험 결과가 있다.

○ **중간 연결법: 타인의 의견을 듣고 다음 단계로 넘어간다**

대화 전반부에 나온 의견을 한 번 정리한 후 새로운 전개로 연결하는 기술이다. 가령 학회 심포지엄의 중반에 똑같은 주제로 논의가 길어지거나 제자리걸음을 하게 되면 사회자가 화제를 전환하는 경우가 흔하다. 그때 사회자는, "여기까지는 ○○○에 대한 논의였지요" 하고 일단 그때까지의 논의를 정리한 뒤 "그러면 이 문제를 □□□의 관점에서 본 제 의견을 말하겠습니다"라고 짧게 발언한 후 다음 단계로 넘어간

276

다. 정해진 시간 속에서 가능한 한 다양한 의견을 이끌어낼
때 이 방법이 효과적이다.

○　**마무리법**

이것은 회의를 마칠 때 관찰되는 화법으로, 의견을 말하는
데 능숙한 사람들이 흔히 이용한다. 논의를 마칠 때 전체를
돌아보고, 논점을 정리하고, 무엇이 명확해졌는지(또는 무엇이
명확하지 않은지) 등을 확인한 후 앞으로의 전개 가능성에 대해
의견을 말하고 마무리한다.

　마무리법을 활용하기 위해서는 대화를 처음부터 끝까
지 집중해서 들어야 하며, 또 그것을 정리해서 다른 사람들
이 이해하기 쉽게 설명하는 고도의 능력이 필요하다. 그러므
로 우선은 중간 연결법을 연습한 다음에 실시하자.

피드백으로
상대방의 목표 달성에 공헌한다

목표 달성을 위한 상대방의 행동 또는 계획의 궤도를 수정하거나 동기를 부여하기 위해 의견을 말하는 일을 피드백(feedback)이라고 한다. 피드백의 '피드(feed)'는 음식을 뜻하는 food에서 나온 말로, 피드백의 목적은 사람의 성장에 영양분을 주는 것이다.

결국 피드백의 본질이란

단순히 상대방에게 자기 의견을 말하기만 해서는 피드백이 되지 않는다. 효과적인 피드백의 본질은 아래와 같다.

○ **목적·목표와의 연결**

'상대방의 목표 달성에 유익한 의견을 제공했는가?'가 피드백의 중요한 요소다. 기본적으로 목표와 관련된 피드백을 하지 않으면 그 시도 자체의 좋고 나쁨이나 가능 여부를 평가할 수 없다.

○ **구체성**

가능한 한 애매하지 않은 구체적인 말을 사용해야 한다. 예를 들어, "발표가 좋았어요" 등으로 막연하게 말하는 것이 아니라 "아이디어가 잘 정리되어 있고 듣는 사람들의 관심을 끄는 발표였어요. 파워포인트의 디자인과 활용도 효과적이어서 보기에 편했습니다"라고 말하면 구체적으로 어디가 좋았는지, 앞으로는 어떻게 해야 할지에 대한 의견이 상대방에게 명확하게 전달된다.

○ **실행 가능한 제안**

상대방의 능력을 훨씬 뛰어넘기 때문에 실현이 불가능한 피드백은 상대방에게 불필요한 부담을 주므로 역효과다. 예를 들어,

'1주일에 영어 단어 3만 개 외우기'

'하루에 보고서 100페이지 작성하기'

등은 비현실적이다.

○ **시기적절**

피드백은 상대방이 이미 행동을 시작했고 어느 정도의 결과 또는 성과가 달성되었을 때 신속히 실시할 필요가 있다. 시간이 지날수록 행동에 관한 기억이나 자료가 손실되어 효과가 크게 감소한다.

펜들턴식 피드백(the Pendleton Model)

심리학자 데이비드 펜들턴은 화자가 일방적으로 현재 상태와 개선점에 대해 이야기하는 것이 아니라, 상대방과 함께 지금까지의 시도를 돌아보고 깨달음을 얻으며 다음 행동을 생각하는 피드백의 틀을 개발했다. 구체적으로는 다음과 같이 진행한다.

① 목적 또는 목표를 명확히 한다

② 좋았던 점과 잘된 부분을 이야기하고 높이 평가한다

③ 개선할 점과 개선 방법에 대해 이야기한다

④ 개선하거나 변경해야 할 행동을 검토하고 서로 합의한다

이 과정을 따라 진행한 후, 마지막에는 피드백 전체를 돌아본다. 피드백을 통해 좋은 점과 개선할 점이 명확히 드러났는지, 궤도 수정과 다음 행동에 대한 합의가 이루어졌는지, 동기가 더 많이 부여되었는지 이야기해서 다음에 활용한다.

피드백 시트를 이용해서 피드백을 해보자

친한 친구나 동료, 또는 가족과 함께 피드백을 연습해보자.

우선 자신이 피드백을 해주는 쪽이 되어, 상대방이 한 일이나 현재 문제에 대한 의견을 말한다. 다음의 피드백 시트 형식을 참고하자.

피드백 시트

기간	2022. 5. ○○ ~ 2022. 6. ○○

목표	1개월 후 실시할 발표를 잘 해낸다.
한 일	발표 기술에 대한 책을 많이 읽고 있다.
어려운 점	슬라이드는 만들었지만 발표가 잘 안 된다.
발견	파워포인트를 만들고 넘기는 데 정신이 팔렸는지도 모른다.
피드백	좋은 점은 시간과 정성을 들여 파워포인트를 만들고 있는 점. 개선할 점으로 생각되는 것은 파워포인트 만들기에 시간을 지나치게 많이 들이고 있는 점, 슬라이드 한 장에 지나치게 정성을 쏟고 있는 점.
할 일	앞으로는 파워포인트에 들이는 시간을 줄이고 발표에 필요한 발성, 말을 쉬는 타이밍, 시선의 조절 등을 실제로 연습한다.
비고	발표 기술에 대한 책을 많이 읽고 있다.

비고란에는 다음과 같은 점을 솔직하게 이야기한 결과를 기입한다.

- **피드백 전체를 돌아보고, 응답이 균형 잡혔는지 평가한다.**
- **문제점을 지적하고 서로 스트레스가 없었는지 살핀다.**

반대 의견을 말하고 싶을 땐
CER 화법

상대방의 생각에 찬성하는 입장에서 의견을 말할 때는 그다지 스트레스가 없다. 그러나 반대 의견을 말할 때는 어떨까?

'이런 말을 하면 저 사람의 기분이 상하지 않을까?'

'말하면 화낼 것 같은데……'

이처럼 의견을 말하기가 망설여질 수 있다.

상대방에게 반대 의견을 말하는 일에는 용기가 필요하다. 그러나 반론하는 방법을 제대로 배우면 반론하기에 대한 심리적인 장벽이 사라진다. 그리고 타인과 다른 의견을 말하는 습관이 들면 주위 사람들이 자신을 달리 보기 시작할 것이다.

영국의 정치철학자 존 스튜어트 밀은 자신의 의견에 반대하는 사람들을 주변에 두는 것, 반대할 자유를 인정하는 것은 '전지전능하지 않은 인간이 자신의 의견이 옳다고 말할 수 있는 합리적인 보증을 얻기 위한 장치'라고 말했다. 저명한 경제학자인 피터 F. 드러커(Peter F. Drucker, 1909~2005) 또한 저서 《자기 경영의 조건》에서 '의견의 불일치'는 세 가지 이유로 필요하다고 주장했다.

- 하나의 의견에 사로잡히거나 휩쓸려서 '조직의 포로'가 되는 일을 막는다.
- 반대 의견을 통해 선택지가 늘어난다.
- 대립하는 의견이 있으면 상상력이 자극된다.

'완충' '구체적인 예' '이유'라는 3단계로
반대 의견을 전달한다

반대 의견을 말할 때 명심할 점은 '입씨름에서 이긴다' '따져서 굴복시킨다'라는 생각을 갖지 않는 일이다. 그런 마음으로 임하면 설령 논의에서 이기더라도 상대방은 진심으로 수용하지 않는다. 또 그 후의 인간관계가 영향을 받기도 한다. 사람은 남이 설득한다고 해서 동의하는 것이 아니라, 스스로 납득할 때 동의하는 법이다.

이런 인간 심리를 고려한 반론법으로 'CER 화법'이 있다. 커뮤니케이션 기술 전문가인 하코다 타다아키가 자신의 저서 《언제나 '잘 풀리는 사람'의 반론 기술》(국내 미출간-옮긴이)에서 소개한 방법으로 Cushion(완충), Example(구체적인 예), Reason(이유)의 첫 글자를 딴 것이다. 다음과 같은 3단계로 반대 의견을 말한다.

① **완충하는 말로 부드럽게 반대한다**(Cushion)

곧바로 반대하는 것이 아니라, 우선 다음 같은 말로 분위기를 누그러뜨린다.

"말씀드리기 조심스럽습니다만,"

"이런 말씀 드리기 어렵지만,"

"죄송하지만,"

상황에 따라 자신이 쉽게 할 수 있는 말을 기억해두고 곧바로 꺼낼 수 있도록 연습하면 좋다.

② **구체적인 예로 설득력을 높인다**(Example)

완충하는 말 다음은 자신의 주장을 뒷받침하는 '구체적인 예'를 이야기한다. 상대방이 '왜 그럴까?' '더 자세히 듣고 싶다'라고 생각하게 만드는 일이 핵심이다. 구체적인 예가 없다면 신뢰할 수 있는 자료, 저명한 인사나 지식인의 발언 또는 에피소드도 좋다. 숫자가 포함된 자료라면 더욱 객관성을 확보할 수 있다.

"정부에서 발표한 조사 자료에서는……."

"지난번 신문에 실린 기사에서는……."

"존스홉킨스 대학교의 굿맨 교수가 말하기로는……."

③ **자신의 주장에 대한 이유를 말한다**(Reason)

상대방이 관심을 보이면 자신의 반대 의견에 대한 이유를 말한다. 공격성이나 적대성을 띠지 않은 '다른 시각이 있다' '다른 제안이 있다'라는 느낌으로 이야기하고, 어디까지나 '원하는 목표는 같다'는 점을 호소해도 좋다. 또 표현을 약간만 다듬어도 상대방에게 훨씬 전달이 잘 된다. 예컨대 "빨리 결정해주세요"보다는 "시간이 조금 더 필요하신가요?"라고 의문형으로 말하면 제안이 더 부드럽게 들리는 식이다. 다만

과도하게 신경을 쓰거나 스스로를 방어하느라 서론이 늘어지면 역효과다. 상대방의 기분을 배려하면서도 하고 싶은 말은 제대로 하자.

실패한 대화를 CER 화법으로 수정해보자

CER 화법을 참고해서 다음의 실패한 대화 예시를 수정해보자. ☐☐☐☐☐ 의 빈칸을 채워서 대화를 완성한다.

예

실패한 예

상대방: "이 제안에는 무리가 있지 않나요?"

나: "아니, 일단 해보죠. 반드시 잘될 겁니다!"

수정

상대방: "이 제안에는 무리가 있지 않나요?"

나: "☐☐☐☐☐☐" (완충하는 말을 넣는다 : C)

상대방: "왜 그렇게 생각하시죠?"

나: "☐☐☐☐☐☐" (구체적인 성공 사례 : E)

상대방: "조금 더 자세히 이야기해 주세요."

나: "☐☐☐☐☐☐" (이유와 제안 : R)

아래 수정 예시를 생각해볼 수 있다.

C "조심스럽지만, 지금 시점에서는 이 제안이 가장 적절하다고 생각합니다."

E "교육사회학의 최신 자료에 따르면 등교 거부의 예방에는 ○○○가 가장 효과적이라는 의견이 80퍼센트 이상이었기 때문입니다."

R "네. 신뢰할 수 있는 조사 자료에 더해, 현재 이 지역의 A 학교에서 실시하는 프로그램이 등교 거부에 대해 일정한 효과를 거두고 있으니, 우리 학교에서도 같은 조치를 취해보길 제안하고 싶습니다."

의견을 말하는 일의 의의

애초에 의견을 말한다는 것에는 어떤 의미가 있을까? 언어와 사회의 관계를 연구하는 분야인 사회언어학에 따르면, 서로 의견을 제시하는 일에는 다음과 같은 기능이 있다.

- 여러 사람 사이의 정보 교환
- 합의의 형성
- 생각의 보완

- 아이디어의 확장

- 모순과 오류의 인식

　　다시 말해 서로 의견을 제시해 합의를 형성하면 신뢰감이 생기고 유지될 가능성이 높다는 것이다. 자신의 직장이나 회의 분위기를 떠올려보자. 만약 적극적으로 의견을 말할 수 없는 환경이라면, 맞대고 회의를 하면서도 서로 신뢰가 쌓이지 못하고, 일방적인 사고방식만이 만연해 다양한 의견이 나오기 어려워져서 생산성마저 낮아질 것이다.

　　비교교육학에서는 인간이 혼자서는 결코 자기 자신을 이해하지 못하며 상대방과의 '비교'를 통해 자신을 파악할 수 있다고 한다. 자신의 말과 행동에 상대방이 어떻게 반응하는지 서로 읽어낼 때 비로소 자신의 특징을 알 수 있다는 뜻이다. 자신이 세상에서 유일한 존재라면 비교할 대상이 없으므로 구별도 할 수 없고, '자신'이라는 개념은 생겨나지 않는다. 우리는 서로 의견을 말함으로써 자연스럽게 비교하고 비교당하는 상황에 놓인다.

　　여담이지만 나는 세미나에서 탁자에 숫자 6을 놓고, 학생들에게 그 숫자를 둘러싸고 바라보도록 한다(독자 여러분도 책의 방향을 돌려 숫자를 바라보자. 어떻게 보이는가?). 앞에서 보면 6

이지만 반대쪽에서 보면 9, 옆에서 보면 기호처럼 보인다. 관점을 어디에 두느냐에 따라 의견은 달라지며, 사물과 현상은 100퍼센트 옳거나 똑같을 수는 없는 것이다.

관점마다 다른 세계가 성립한다.

갈등 관리로 의견의 충돌에 대응한다

나는 세미나에서 종종 학생들을 그룹으로 나누어 일부러 대립된 의견으로 논의하게 한다. 예컨대 원주민의 피해나 적극적 우대(역사적으로 차별받아온 집단에게 불이익에 대한 보상을 함-옮긴이) 문제 등을 다룬다. 평소에는 자기 의견을 똑부러지게 말하는 사람도, 상대방과 생각이나 목표가 다른 경우에는 격렬해져서 말을 잘 하지 못하는 경우가 있다. 상대방과 자신 모두 이익을 얻는 윈윈(Win-Win) 커뮤니케이션 기술이 좋은 평가를 받기도 하지만, 실제 사회에서는 그것만으로 해결할 수 없는 경우도 많다.

의견이 대립하는 원인이 되는 '엇갈림'

애초에 의견 대립은 왜 생기는 것일까? 사회언어학의 담화 분석법을 바탕으로 한 연구에 따르면 거의 모든 의견 대립은 세 가지 '엇갈림'에서 발생한다.

①　전제 이해의 엇갈림

어떤 사안에 대해 자신과 상대방이 가진 정보량이 서로 다르기 때문에 생기는 엇갈림. 본인은 합리적으로 설명하고 있다고 생각해도, 상대방은 불충분한 설명으로 느끼고 의문이나 오해가 들 수 있다.

②　기대하는 목표의 엇갈림

'무엇을 위해서인가' '무엇을 목적으로 삼는가' 등 서로 원하는 것이나 기대가 다를 때 생기는 엇갈림. 상대방이 최종적으로 원하는 것에 무언가 문제점이 있다는 게 명확하다면 우선 그 점을 잘 설명할 필요가 있다.

③　불확실한 사안에 대한 추측의 엇갈림

①과 ②의 엇갈림을 해소하고 서로가 가진 정보를 최대한 꺼

내놓고 논의해도, 앞으로 생겨날 수 있는 리스크는 여전히 존재한다.

대립은 악이 아니다, '터크먼 모형'

의견이 대립할 때 우리가 불쾌함을 느끼는 것은 '대립하는 상황 자체가 나쁜 것이다'라는 생각이 깔려 있기 때문이다. 그러나 의견의 대립에서 생각지 못한 아이디어를 얻거나, 최종적으로는 대립으로 인해 결과의 질이 높아지는 경우가 있다. 의견의 충돌을 두려워해서 무난한 대화만 하면 의견 제시가 제 기능을 잃게 된다.

미국의 심리학자 브루스 터크먼(Bruce Tuckman, 1938~2016)은 집단이 의견 대립 등을 거쳐 발전하는 과정을 '터크먼 모형'으로 나타냈다. 터크먼에 따르면, 구성원 간에 생각이 대립하는 경우가 있더라도 이것은 목표 달성 과정에 반드시 필요한 요소다. 뛰어난 팀워크는 하루아침에 형성되는 것이 아니며 대립 과정도 거치게 된다는 점을 인식해야 한다. 대립을 '서로 진지하게 이야기한다' '하나의 문제를 함께 해결해나간다'라고 새기면 긍정적인 감정을 갖게 되고, 스스로 열띤 토론을 하고 있다는 느낌을 받게 된다.

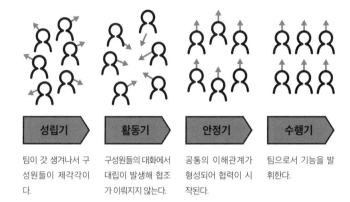

성립기	활동기	안정기	수행기
팀이 갓 생겨나서 구성원들이 제각각이다.	구성원들의 대화에서 대립이 발생해 협조가 이뤄지지 않는다.	공통의 이해관계가 형성되어 협력이 시작된다.	팀으로서 기능을 발휘한다.

'토마스-킬만 갈등 관리 유형' 체크해보기

의견이나 이해관계가 대립할 때 이를 '갈등'이라고 한다. 그리고 학교, 가정, 직장 등 일상의 다양한 상황에서 발생하는 갈등을 올바르게 이해 및 대처하여 긴박한 상황을 피하고 원활히 소통하는 일을 '갈등 관리'라고 한다.

독자 여러분은 타인과 의견이 대립할 때 어떤 태도를 취하는가? 우선 아래 질문들로 스스로 점검해보자.

○ **상대방과 의견이 다를 때 당신이 자주 하는 말이나 행동은 무엇인가?**

A. 내 의견을 상대방이 받아들이도록 더욱 노력한다.

B. 내 의견 주장을 삼가고 상대방에게 맞춘다.

C. 서로 더 대화해서 더 좋은 방법을 찾는다.

D. 그 자리에서는 이야기하지 않고 나중에 이야기한다.

E. 상대방이 내 의견을 부분적으로나마 받아들이도록 설득한다.

○ **최근 누군가와 의견이 대립했을 때 결과가 어떻게 되었는가?**

A. 내 의견이 옳다고 강조해서 상대방이 내 의견을 따르도록 했다.

B. 타협해서 상대방의 의견을 따랐다.

C. 시간을 들여 대화해서 양쪽이 모두 수용할 수 있는 결론에 다다랐다.

D. 아직 해결되지 않았다.

E. 서로 의견이 절반씩 반영되도록 조정했다.

○ **다음 중 어떤 때 불쾌함을 느끼는가?**

A. 내 의견이 받아들여지지 않을 때

B. 상대방이 싫은 말을 하고 있다고 느낄 때

C. 대화할 시간이 부족하다고 느낄 때

D. 바쁜데 대화에 시간을 빼앗길 때

E. 내 의견이 전혀 받아들여지지 않을 때

이 문항들은 '토마스-킬만 갈등 관리 유형'에 기반을 두고 있다. 이 도구는 심리학자 케네스 토마스와 랄프 킬만이 개발한 것으로, 대립이 발생할 때 사람이 취할 수 있는 행동을 다음의 다섯 가지 유형으로 분류한다.

A. 경쟁형 → 상대방에게 강요하고 지시하며 자신의 의견을 밀어붙여 해결한다.

B. 수용형 → 자신의 의견을 억누르고 상대방의 의견을 받아들여 해결한다.

C. 협조형 → 서로의 입장을 존중하고 윈윈 관계를 목표로 협력하며 해결한다.

D. 회피형 → 그 자리에서 해결하려 하지 않고 의견이

대립하는 상황 그 자체를 회피한다.

E. 타협형 → 서로의 요구 수준을 낮춰서 부분적인 실현을 도모한다.

앞의 문항에서 답변 중 A가 많았던 사람은 경쟁, B는 수용, C는 협조, D는 회피의 경향이 강할 가능성이 높다. E의 타협은 B와 C의 중간 상태라고 할 수 있을 것이다(다만 양방의 만족도는 낮다).

C의 협조나 E의 타협이 바람직하다고 생각할 수도 있으나, 각 유형에 우열은 없다. 중요한 것은 자신의 의견 제시 경향을 자각한 후, 상황에 맞게 각 유형을 '나누어 활용하는' 것이다. 세 문항에서 '그때그때 다른데?'라고 느꼈던 사람은 이미 각 유형을 상황에 맞게 나누어 활용하고 있을 가능성이 높다.

갈등 유형을 상황에 맞게 활용해보자

의견이 대립할 때 '토마스-킬만 갈등 관리 유형' ABCDE를 어떻게 활용하면 좋을까? 상황에 따라 적절한 것을 생각해보자. 이유도 생각해보자.

① 데이트에서 이탈리안 음식점이나 중국 음식점 중 한 곳에 가기로 했다. 상대방은 이탈리안 음식점, 나는 중국 음식점에 가고 싶다. 가격은 이탈리안 음식점이 훨씬 저렴하다.

② 지금 당장 기를 것은 아니지만, 나중에 토이푸들과 비글 중 어느 쪽을 기를지 가족들 사이에 의견이 대립해서 분위기가 험악하다.

③ 병원에 가기를 싫어하는 친구가 발목을 삐었다고 한다. 의학 책에 따르면 이런 종류의 삠은 그냥 쉬기보다 곧바로 의사를 찾아가는 것이 좋다고 한다.

④ 상대방과 내가 쾌적한 환경에서 생활하려면 어떤 곳에서 살아야 할지 차분히 이야기할 필요가 있다.

⑤ 이번 주말에 동아리에서 스포츠 행사를 열 예정이다. 여자들은 테니스를, 남자들은 야구를 하고 싶다고 한다. 양쪽 모두 주장을 굽힐 기색이 전혀 보이지 않는다.

해답 예시는 아래와 같다.

① **수용**

"사실 내 의견을 계속 주장하고 싶지만, 이번에는……"이라는 내색을 보여서 다음번 데이트 때는 상대방이 양보하도록 유도한다.

② 회피

감정이 가라앉기를 기다리는 것이 좋은 경우, 잠시 상황을 보고 나서 결정해도 좋은 경우에는 회피가 효과적이다.

③ 경쟁

자신의 의견(의사에게 가는 것)이 상대방에게 명백히 이로운 경우, 빨리 행동해야 하는 경우에는 경쟁형을 선택하자.

④ 협조

내용이 중요하고 서로 이해할 필요가 있는 사안이라면 차분히 대화해서 결정한다.

⑤ 타협

주말까지 시간이 많지 않으니 양측이 물러서지 못하는 테니스와 야구 중 하나를 고르는 것이 아니라 타협해서 다른 선택지를 검토한다.

다섯 가지 갈등 관리 유형 중 무엇을 활용하든 항상 다음을 주의하자.

- **반사적으로 대답하지 않는다.**
- **'자기주장'과 '타인에 대한 수용'의 균형을 조정한다.**

의견이 대립해서 말싸움이 되면 우선 스스로 자제한다. 날 선 말을 똑같이 날 선 말로 받으면 분위기가 격양되고 대립이 깊어질 뿐이다. 우선 나 자신이 침착해지면 상대방의 마음도 침착해질 것이다.

또 자기주장의 정도가 지나치게 강하면, 설령 자신이 원한 결과를 얻는다 해도 상대방이 불쾌하게 느낄 수 있다. 한편 다른 사람을 이해하고자 하는 마음이 지나치게 강해도 나중에 패배감이 들 수 있고, 상대방이 나를 만만하게 볼 수도 있다.

이 두 가지를 항상 의식하며 균형을 잡으면 더 좋은 대화를 할 수 있다.

공손 이론

사회언어학에서는 대화 속 어휘 사용과 인간관계를 분석하는 '공손 이론(Politeness Theory)'이 있다. 공손 이론은 영국의 언어학자 페넬로피 브라운과 스티븐 레빈슨이 주장했으며, 어떤 단어나 말투를 사용해야 상대방의 기분을 상하게 하지 않는지 설명한다. 국어와 외국어의 비교 분석, 의료 현장 내 환자와 의사의 대화 연구 등 다양한 분야에서 활용되고 있는 이론이다.

공손 이론의 중심적인 개념으로 '체면(face)'이 있다. 체면은 대화에 나타나는 인간의 두 가지 승인 욕구를 반영한다.

- **적극적 체면(positive face)** → **칭찬이나 인정을 받아서 기분이 좋다.**

- **소극적 체면(negative face)** → **침범당하기 싫다.**

공손 이론에서는 상대방의 이 두 가지 '체면을 지켜주는 (face-saving)' 방식으로 대답하면 상대방에게 좋은 인상을 줄 수 있다고 본다. 가령 내가 학생에게 "○○씨의 의견은 아주 소중합니다"라고 말한다면 상대방의 적극적 체면을 세워주면서 나의 의견을 전달하는 것이다.

한편 "○○씨의 의견은 다른 연구자의 말을 그대로 반복할 뿐이군요"라고 말한다면 발언의 자유를 빼앗는 것처럼 느껴져 학생의 소극적 체면을 깎아내릴 위험이 있다.

아무리 공손한 말투로 의견을 전해도 '체면'을 지켜주지 않으면 상대방은 기분이 좋지 않다. 더욱이 신뢰 관계를 쌓기도 어려워진다.

7장 ──────────── 질문하기

모음 다섯 자를 이용해
질문을 생각한다

'질문'의 의의는 고대부터 철학과 수사학 등에서 인정받았다. 고대 그리스 철학의 '변증법'이라는 논의 기술에서는 상대방에게 질문하는 능력이 중시되었다. 국내 학교에서는 수업 중에 학생이 교사에게 질문하는 일이 잦지 않지만 외국에서는 교사가 이야기를 하는 도중이라도 적극적으로 질문하는 자세가 높은 평가를 받는다.

사람은 질문을 받으면 생각하기 시작한다

질문의 주된 목적은 '자신의 머릿속에 있는 문제나 의문을 해결하기'이지만, 비교교육학에서는 그 외에도 다음과 같은 효과가 있다고 본다.

- **정보를 공유한다.**
- **생각할 단서를 얻는다(또는 준다).**
- **해결책을 찾는다.**
- **오해를 해소한다.**
- **확인한다.**
- **선택한다(또는 선택하도록 만든다).**
- **요구한다.**

특히 중요한 것은, 사람은 질문을 받으면 생각하기 시작한다는 점이다. 가령 세미나의 학생이 "발표 주제를 어떻게 해야 할까요?"라고 질문했다고 하자.

"어떤 주제가 좋을 것 같다고 생각하나요?"

"지금 교육 문제 중에서 관심이 가는 것이 있나요?"

하고 다시 질문하면 학생은 '그러고 보니 지금 교육의 불평등에 관심이 있지' 등으로 자신의 머릿속을 더듬기 시작해서 필요한 정보나 해결책을 찾아나간다.

"논문을 쓰다 보면 항상 중간에 막혀서 진척이 없어요"

라고 말하는 사람에게는,

“정말인가요? 한 번 정도는 잘 써진 적도 있지 않나요?”

“누구와 비교할 때 그런가요?”

라고 질문하면

‘그러고 보면 언젠가 잘 써진 때를 돌아보니…….’

‘다른 사람들은 어떨까?’

하고 떠올리며 잘못된 생각에서 빠져나올 수도 있다.

적절한 질문을 하면 상대방의 생각을 더 명확하게 하거나 새로운 아이디어를 이끌어내는 효과를 얻을 수 있다.

질문하지 않는 이유,
질문하지 못하는 이유

질문하는 데 익숙하지 않은 사람들에게는 다음과 같은 특징이 있다.

○ **질문해야 할 내용을 찾지 못한다(질문의 방법을 모른다)**

강연이나 회의가 끝나고 질문 시간이 되면 다들 입을 다물고 있는 일이 흔하다. 발표자는 미리 준비해왔으므로 어떤 질문이 나올지 예상할 수 있지만, 청자는 그렇지 않으므로 무엇을 질문하면 좋을지 몰라서 가만히 있는 것이다.

○ **질문할 용기가 없다**

이야기를 듣다가 잘 이해되지 않는 부분이 있어도 '이런 질문을 하면 실례가 아닐까?' '이런 질문을 하는 건 부끄러워'라고 생각해서 질문하기를 주저하는 경우가 있다.

○ **요점이 정리되지 않는다**

질문을 하는 일에는 자신이 있어도, 질문이 길어져서 말하는 도중에 자신이 무엇을 물어보고 싶었는지 잘 기억나지 않는 경우도 있다. "이렇게 생각할 수도 있습니다, 이런 사례도 있습니다……." 등 의견인지 질문인지 알 수 없게 되고, 결국 질문을 받은 쪽도 뭐라고 대답해야 할지 당황하게 된다.

공통되는 문제는 그저 듣기만 하는 상태가 된다는 점이다. 질문을 입 밖에 냈다고 해도 내용이 불명확하면 질문의 효용을 충분히 활용하고 있다고 할 수 없다.

다섯 가지 모음으로 곧바로 질문할 수 있다

무언가 질문해야 하는 상황에서 곧바로 질문할 줄 아는 사람이 되고 싶다면, '아에이오우'를 기억하자. 영단어의 첫 글자인 A, E, I, O, U를 이용해서 질문을 쉽게 할 수 있다.

○　**A: as**(~로서)

"당신은 어떻게 생각하나요?"가 아닌, 상대방의 입장과 상황을 바탕으로 생각을 묻는다.

"유학생의 입장에서 어떻게 생각하나요?"

"영업 담당자로서 어떻게 생각하십니까?"

"어머니로서 어떻게 생각하시지요?"

이처럼 상대방의 입장을 명확히 해서 물을 수 있다.

○　**E: either**(둘 중 한쪽)

대상을 다른 것과 비교하는 경우를 가정해서 묻는다. 비교를 통해 각각의 특징이 분명해지거나 장단점을 판단할 수 있다.

○　**I: if**(만약 ~이라면)

'만약 ~이라면'이라는 관점으로 발상을 전환시키는 질문이

다. 현실의 상황이 아니라 가상의 상황을 상상해 추측하므로
새로운 발상을 얻을 수 있다. 더 이상 질문할 것이 없다고 느
낄 때 특히 효과적이다.

○　**O: opposite(반대)**

서로 정반대의 방향에서 질문한다. 다른 안이 제시되면 그
장단점을 모두 질문하여 새로운 관점을 얻을 수 있다.

○　**U: until(~까지)**

언제부터 언제까지인지 기한의 설정에 대해 질문한다. 무언
가 제안해서 결정되었다고 해도 기한을 정하지 않으면 언제
실행하고 언제 달성할 것인지 불명확할 수 있다.

　　실제 생활에서는 이야기의 흐름 속에서 자연스럽게 질
문하는 경우도 있겠지만, 이 '아에이오우' 틀을 기억해두면
빠른 질문이 필요한 상황에서 곧바로 써먹을 수 있다.

한국의 교육을 연구하는
영국인 학자에게 질문을 해보자

'영국인 학자가 한국의 교육에 대해 다음과 같은 의견을 말했고, 거기에 대해 질문한다'라고 가정해서 질문을 생각해보자.

"한국의 학교 교육에는 다른 나라들과 다른 점이 있습니다. 바로 교사와 아이들 사이의 관계입니다. 영국에서 교사가 하는 일은 '수업'뿐이지만 한국에서는 교사가 수업뿐만이 아니라 생활지도와 동아리 활동 지도까지 맡고 있습니다. 거기다 통학로의 안전 확보, 저녁 시간의 교외 순찰까지, 아이들이 학교 바깥에서 하는 활동마저 교사가 대응합니다. 또 한국의 교사들은 매일 그날 안으로 보고서 등을 써야 한다고 들었습니다."

해답 예시는 아래와 같다

As: "영국인 연구자로서 한국 교사들의 업무를 어떻게 생각하시나요?"

Either: "영국과 한국의 교사 업무 중 어느 쪽이 세계 표준일까요?"

If: "만약 영국의 교사들이 한국의 교사처럼 일하게 된다면 어떻게 될까요?"

Opposite: "한국 교사들이 동아리 활동 등에 전혀 관여하지 않게 된다면, 어떤 대안을 생각할 수 있을까요?"

Until: "영국의 교사들은 언제까지 보고서를 작성해야 하나요?"

질문의 틀을 상황에 맞게 사용한다

학생과 교수가 문답을 통해 더 깊은 지식을 쌓는 '튜토리얼' 강의에서 교수는 학생의 상황 파악이 안일하다고 생각할 경우, 문제의 요소를 구체적으로 이해하기 위한 질문을 던진다. 또 막다른 길에 있는 학생에게는 관점을 바꾸거나 예를 떠올리는 질문으로 생각을 환기시킨다. 양쪽이 질문을 반복함으로써 단서를 얻고 생각지 못한 아이디어로 발전해서 단숨에 길이 열리는 경우가 있다.

반대로 상황에 적절한 질문을 하지 않으면 오히려 대화의 효율이 떨어지곤 하는데, 그런 문제를 막기 위해서는 '개방형 질문'과 '폐쇄형 질문' 유형을 구분해 사용해야 한다.

2가지 질문 유형의 장단점

개방형 질문은 '예' '아니오'만으로는 대답할 수 없는 질문이
다.

"이것에 대해 어떻게 생각합니까?"

"향후 계획은 무엇입니까?"

이처럼 상대방의 대답 범위에 제약을 두지 않고 자유롭
게 답하게 한다.

한편 폐쇄형 질문은 상대방이 '예, 아니오' 중에서 양자
택일을 하거나 'A, B, C'라는 세 가지 선택지 중에서 고르게
하는 등 대답의 범위를 제한하는 질문이다.

두 질문 유형의 장점과 단점을 비교하면 다음과 같다.

개방형 질문과 폐쇄형 질문의 비교

관찰 방법	개방형 질문	폐쇄형 질문
상대방의 심리적인 장벽	높음	낮음
대답의 예측	어려움	쉬움
대답에서 기대할 수 있는 정보량	많음	적음

장점	• 더 깊이 대화할 수 있다.
	• 정보를 이끌어내 대화의
	  범위를 넓힌다.
	• 비교적 적은 질문 횟수로
	  정답에 도달한다.
	• 대답에 다양성이 생긴다.
		• 곧바로 확실한 대답을 얻을 수
		  있다.
		• 질문을 쉽게 생각해낼 수 있고,
		  여러 개의 질문을 할 수 있다.
		• 질문자가 기대하는 대답을
		  얻기 쉽다.

단점	• 질문을 생각해내기가 어려운
	  편이며 표현도 고민해야 한다.
	• 질문에 따라 상대방이 헤맬 수
	  있다.
		• 원하는 대답에 다다르는 데
		  시간이 걸린다.
		• 질문하는 쪽이 주도권을
		  가지고 있으므로 심문 당하는
		  듯한 느낌이 든다.

이 두 질문 유형 중 하나를 지나치게 많이 사용하거나 두 유형을 혼동하면 상대방을 불쾌하게 만들 수 있다. 이제부터 각 질문이 효과적인 상황을 살펴보겠다.

개방형 질문이 효과적인 상황

개방형 질문은 대답의 자유도가 높으므로 상대방의 대답을 듣고 추가로 질문할 수도 있다. 그 결과 다른 화제로 넘어가는 일도 가능하다. 다음 같은 상황에서 사용하는 것이 효과적이다.

○ 아이스 브레이킹

"취미가 무엇인가요?"

○ 상대방이 원하는 것을 탐색한다

"진로와 관련해서 어떤 목표를 갖고 있나요?"

○ 추가 정보를 얻는다

"앞으로 보고서를 쓸 때 어떤 내용이 보완되면 좋을까요?"

"더 자세히 설명해주실 수 있나요?"

폐쇄형 질문이 효과적인 상황

폐쇄형 질문은 명확한 대답을 얻을 수 있으므로 사실 여부나 상대방의 의사를 확인하고 싶을 때 쓰면 효과적이다. 질문을 받는 쪽에서도 기본적으로 '예/아니오'라는 두 가지 선택지 중 하나로 대답할 수 있어 심리적인 부담이 적다.

○ 상대방의 동의를 얻으며 대화를 진행할 수 있다

"지금 겪고 있는 고민은 ○○○라는 뜻이지요?"

○ 화제를 조절한다

"질문이 없다면 다음 주제로 넘어가겠습니다.

괜찮으신가요?"

"다음 회의는 다음 주 수요일과 목요일 중 언제로 할까요?"

폐쇄형 질문과 개방형 질문으로
상대방의 생각을 명확히 알자

여기서는 유학을 주제로 폐쇄형 질문과 개방형 질문을 통해 상대방의 향후 목표를 확실히 알아보겠다.

○   **폐쇄형 질문**

"유학을 가고 싶다고요?"

"네."

"영어권 나라로요?"

"네. 영어로 수업을 들을 수 있는 나라에 가고 싶어요."

"토플에서 충분한 점수를 얻었나요?"

"네, 토플은 끝냈어요."

"전공은 정했나요?"

"아뇨, 아직 확실히 정하지는 않았지만 교육학을 생각하고 있어요."

"교육학에 대해서 공부한 적이 있나요?"

"아뇨, 그저 유학을 갈 때까지 어느 정도 지식을 쌓고 싶어요."

"유학에 필요한 경제적 준비는 돼 있나요?"

"네, 장학금을 받을 가능성이 높아요."

○ **개방형 질문**

"어디로 유학을 가고 싶나요?"

"영어권 나라들에 관심이 있어요."

"언제부터 그 나라들에 관심이 있었나요?"

"대학교에 입학하고 나서부터요."

"영어권의 어느 나라로 유학을 가고 싶나요?"

"아직 고민 중이지만 지금은 영국에 유학을 가고 싶어요."

"왜 영국에 관심이 있나요?"

"영국 문학을 연구해서 졸업논문을 쓰고 싶어서요."

"어느 작가를 연구하고 싶나요?"

"윌리엄 셰익스피어를 다뤄보고 싶어요."

"어떤 방법으로 조사할 생각인가요?"

"셰익스피어에 대한 강의를 듣고, 대영도서관에서 고문서를 찾아보고, 연구자들을 인터뷰할 예정이에요."

나쁜 질문을 좋은 질문으로 바꾼다

어느 국제학회에 참가했을 때의 에피소드다. 세계적으로 유명한 교육학자의 기조강연이 끝나자 곧바로 한 젊은 연구자가 질문을 했는데, 내용도 길고 무엇을 묻고 싶은지 알 수 없었다. 강연자가 "질문의 요점이 무엇인가요?"라고 되묻자 그 젊은 연구자는 "단도직입적으로 묻자면……"이라고 말하며 질문의 내용을 정리해서 다시 전달했다. 거기서부터 논의가 더욱 발전한 것을 생생하게 기억하고 있다. 같은 내용의 질문이라도 질문의 방법에 따라 예상 이상의 효과를 거두는 경우가 있고, 그 반대의 상황도 있다.

나쁜 질문의 3가지 유형

나쁜 질문의 유형으로는 다음과 같은 것들을 생각할 수 있다.

○ **대답을 듣는 일만이 목적이다**

스스로 잘 생각하지 않고 타인에게 모두 떠맡기며 대답만을 요구하는 질문은 좋지 않다. 타인에게 대답을 얻기만 하면 사고력이나 문제 해결 능력이 성장하지 못하기 때문이다.

○ **질문을 이해하기 어렵다**

질문이 애매하거나, 질문하는 사항이 많거나, 질문이 길면 상대방은 어떻게 대답해야 좋을지 몰라 곤혹스러워한다. 특히 질문자가 많은 상황에서 이런 질문을 하면 한 사람이 질문 시간을 독점하게 된다. 질문은 가능한 한 간결하게 하자. 물어볼 사항이 여러 개라면 가령 "질문이 세 개 있습니다" 등으로 처음에 미리 말해두자.

○ **지나치게 캐묻는다**

'어떻게 할 작정인가?' '어떻게 생각하는가?' 등 상대방을 몰

아세우듯 강한 어조로 질문하는 일은 피하자. 설령 기대가 커서 그런다 해도 상대방을 위축시켜서 이야기의 폭이 더 넓어지지 못한다. 관계성에도 나쁜 영향을 준다.

그 외에도 '전혀 모르겠다' 등 자신이 어디까지 이해하고 어디서부터 이해하지 못하고 있는지 모르는 듯한 질문은 상대방을 혼란스럽게 만들고 분위기를 망치므로 반드시 피한다. 또 스스로 찾아보면 금방 알 수 있는 일은 우선 스스로 찾아보는 습관을 들인다.

"……까지는 이해가 되는데, ……부터 이해가 되지 않습니다." 이런 방식이 낫다.

잘 질문하기 위한 핵심을 익히자

질문도 상대방에게 편안함과 신뢰감을 줄 수 있다면 상대방은 더 대답하고 싶은 마음이 들 것이다. 그러기 위해 다음 세 가지가 중요하다.

○ 상대방을 긍정한다
사람은 누구나 자존심이 있으므로 부정적인 질문을 받으면 기분이 상한다. 부정적인 말을 긍정적인 표현으로 꾸면 좋은 인상을 줄 수 있다.

• 부정적인 말

"왜 못 하세요?" → 상대방의 자존심에 상처를 준다

• 긍정적인 말

"어떻게 하면 할 수 있을까요?" → 해결책을 생각하는 자세가 된다

질문을 통해 상대방을 긍정하면서 지금의 화제에 관심을 가지고 있음을 보여준다. 이는 마음의 거리를 좁히고 더 좋은 분위기에서 소통이 일어나게 한다.

○ **상대방의 생각을 더욱 이끌어낸다**

추궁하는 태도엔 상대방도 대답할 마음이 들지 않는다. 상대방의 이야기를 보충하거나 확장하는 질문을 하면 그다음 화제로 연결할 수 있다.

- **상대방이 이야기하는 속도에 맞추어 말과 말 사이에 틈을 준다.**
- **질문이 추상적인 경우에는 사례를 포함시킨다.**

- 숫자 등 구체적인 사항을 언급한다.
- 자신의 이야기나 의견을 적절히 집어넣는다.

○ **공통의 목적을 만들어 파고든다**

서로 어떤 문제에 관심이 있는지, 그리고 어떻게 하면 공통의 목적을 파고들 수 있을지 염두에 둔다.

- 우리는 이 문제를 어떻게 생각하는가? (어떻게 받아들이는가?)
- 그것을 내 문제로 받아들였을 때 어떤 목표를 설정하고 해결하게 될까?
- 그 문제를 우리뿐만이 아니라 우리 세대 전체에 공통된 문제, 나아가 사회 전체의 문제로 받아들인다면 어떻게 해결해야 할까?

나쁜 질문을 좋은 질문으로 바꿔보자

아래 예를 보며 대답하기 어려운 질문을 대답하기 쉬운 질문으로 바꾸는 연습을 해보자.

A "교토에 여행을 다녀왔어."

B "그렇구나. 어떤 느낌이었어?"

애매한 질문이다. '어떤 느낌'이었느냐고 물으면 막연해진다. '음식' '관광명소' 등 여행지의 무엇이 좋았는지 질문의 초점을 좁히고, 자신의 이야기를 조금 넣어도 좋다.

"그랬구나! 나도 작년에 다녀왔는데 정말 좋았어.

어느 곳이 마음에 들었어?"

A "어젯밤에 산책하다가 우연히 길 잃은 강아지를 봤어."

B "밤에 산책? 건강을 위해서 산책하는 거야?"

본론에서 벗어난 질문이다. A는 '산책'보다 '길 잃은 강아지'의 이야기를 하고자 하므로 후자에 관련된 정보를 물을 필요가 있다.

"그래? 어떤 강아지였어?"

A "이 레스토랑은 샐러드가 맛있어서 좋아."

B "왜?"

스스로도 무엇을 묻고 있는지 알 수 없는 질문이다. 질문의 내용이 엉뚱하면 상대방은 대답할 말을 찾지 못한다. 상대방의 관심사에 대해 질문한다.

"그렇구나! 어떤 종류의 샐러드가 있어?"

A "데스크톱 컴퓨터를 새로 샀어!"

B "데스크톱은 가지고 다닐 수도 없고 자리도 많이 차지하지 않아?"

자신과 같은 의견을 유도하려는 질문이다. 자기 의견을 우선하는 질문부터 하기보다는, 상대방이 이야기하고자 하는 내용을 중심으로 이야기를 확장하자.

"그렇구나. 어떤 기능이 있어?"

금기인 질문

좋고 나쁘고를 떠나서, 해서는 안 되는 '금기인 질문'이 있다. 금기인 질문들에는 세계적으로 공통되는 부분이 있다. 예를 들어 여성에게 나이 묻기, 처음 만나는 사람에게 직업 묻기는 좋지 않다.

나라에 따라 사고방식이 다른 경우도 있다. 예를 들어 중국에서는 학생이 교사에게 연 수입을 묻는 경우가 있지만 일본에서는 절대 그렇게 해서는 안 된다. 한편 한국이나 일본에서는 혈액형을 질문해서 이야기꽃을 피우는 경우가 있지만, 미국이나 유럽 등의 서양 국가에서 혈액형은 중요한 개인정보이므로 묻지 않는 것이 일반적이다.

대입이나 구직 면접에서는 다음과 같은 질문들이 금기 사항이다.

- **본적지**
- **가족의 직업**
- **가족의 수입, 자산, 거주 상황**
- **사상, 종교, 지지 정당, 존경하는 인물**
- **집 부근의 약도, 집에 가는 방법 등**
- **남녀고용평등에 관한 법률에 저촉되는 질문**

면접자의 능력이나 적성과 무관한 질문은 기본 인권의 침해에 해당된다. 가족에 대한 것 등 본인이 어찌할 수 없는 문제에 대해서도 질문해서는 안 된다.

질문에 최적인 타이밍을 찾는다

같은 상황이라도 'A 씨와 서로 질문할 때는 이야기가 매끄럽게 진행되는데, B 씨와는 잘 안 돼'와 같은 경우가 있지 않은가?

대화의 타이밍에 원인이 있을 수 있다. 타이밍이 어긋나면 대화의 흐름도 원활하지 못하고 상대방이 나에게 느끼는 인상도 나빠진다. 궁금한 부분이 있다고 해서 곧바로 질문하면 되는 것은 아니다. 같은 나라 사람끼리도 대화의 타이밍이 어긋날 수 있으며, 외국인과 대화할 때는 타이밍의 차이가 더 뚜렷해질 수 있다.

대화를 신나게 만드는 질문 요령

질문이란 결국 제한된 시간에 실행하는 일이므로, 서로의 상황을 파악하고 타이밍을 계산할 필요가 있다.

○ **우선 스스로에게 질문한다**

남에게 묻기 전에 스스로 충분히 생각했는지 돌아보자. 가령 '5분 동안 생각해봐도 이해되지 않으면 질문한다'처럼 제한 시간도 두자.

○ **상대방의 사정을 고려한다**

상대방이 다음과 같은 상황일 때는 주의한다.

- **다른 일을 하는 중(공부, 업무, 식사, 대화 중 등)**
- **통화를 하거나 문자를 보내는 도중 또는 그 직후**
- **외출 준비를 마치고 자리를 뜨는 순간**
- **초조해 보일 때**

질문하는 쪽에도 나름대로 사정이 있겠지만, 가능한 한 상대방에게 좋아 보이는 타이밍(여유를 가지고 대답할 수 있어 보이는 때)을 노려서 질문하자.

○ **나라나 문화에 따른 대화의 틈과 속도를 고려한다**

이문화 커뮤니케이션 연구에 따르면 나라와 문화에 따라서 상대방의 이야기를 끝까지 들은 후 응답하는 경향이 있을 수도 있고, 상대방이 이야기하는 중이라도 개의치 않는 경향이 있을 수 있다.

비언어 커뮤니케이션

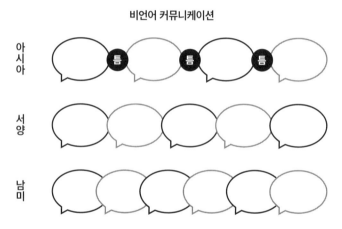

일반적으로 동양인은 대화 중에 한 사람이 이야기하고 나면 조금 '틈'을 두고 나서 다음 사람이 이야기하는 경향이 있다. 서양은 비교적 대화 중 '틈'의 간격이 짧다. 나아가 남

미에서는 상대방이 말하고 있는 도중에 자기 이야기를 시작해도 괜찮다. 한국이나 일본에서는 다른 사람이 말하고 있을 때 이야기를 '가로채는' 일은 무례하다고 여긴다. 그러나 남미에서는 오히려 '이야기에 관심이 있다'는 의사 표현이라고 한다.

이처럼 '틈'을 두는 방식은 질문의 타이밍에도 반영된다. 나라에 따른 질문 방식은 타이밍, 속도, 순서, 듣는 사람의 이해도 등 여러 조건과 관련이 있다.

대화의 리듬을 개선하는 워밍업

노래, 악기 연주, 춤과 마찬가지로 대화라는 소통도 적절한 리듬감을 익히면 더 자연스러워진다. 내가 가르치는 스피치 커뮤니케이션에서는 다음과 같이 대화의 리듬감을 기르는 워밍업을 실시한다.

○ **손뼉으로 리듬감을 기른다**

적절한 길이의 음악을 골라 한 곡(또는 1절)이 끝날 때까지 계속 손뼉을 친다. 쉽게 생각할 수 있지만 도중에 지치면 손뼉이 어긋나는 등 실제로 해보면 의외로 어렵다. 중요한 것은 계속 똑같은 리듬으로 손뼉을 치는 일이다.

○   **'목소리의 높이 × 말하는 속도'의 조합을 바꿔 이야기해본다**

목소리의 '높음'과 '낮음', 말의 '빠름'과 '느림'의 조합마다 화자의 느낌이 달라진다.

- **높은 목소리 × 빠르게 말함 → 기운차고 밝은 느낌**
- **높은 목소리 × 천천히 말함 → 상냥하고 느긋한 느낌**
- **낮은 목소리 × 빠르게 말함 → 유능한 느낌**
- **낮은 목소리 × 천천히 말함 → 차분한 느낌**

말하는 상대방의 목소리 높이와 말하는 속도를 잘 관찰하고 질문할 때 그와 비슷하게 맞추면 상대방에게 좋은 인상을 줄 수 있다.

○   **걸으면서 대화의 리듬을 느껴본다**

2인 1조로 '걷기'와 '질문'이라는 두 동작을 동시에 실행해보면서 리듬감을 기를 수 있다. 먼저 자연스럽게 말을 주고받다가, 걷는 속도를 바꾸며 서로 질문해본다. 익숙해지고 나면 목소리의 높이, 말하는 속도를 바꾸어 질문한다.

이 연습을 할 때 휴대전화를 들여다봐서는 안 된다. 대화에 집중하자.

자문자답으로 사고와 행동을 다양화한다

"내일 아침 9시까지 보고서를 쓰세요."

오후에 갑자기 과제가 나왔다고 하자. 그때 스스로에게 어떤 질문을 할까?

A '내일 아침 9시까지 보고서를 완성하기 위해서는 어떻게 해야 할까?'

B '내일 아침 9시까지는 어려울지 몰라. 어떻게 하지?'

두 질문에서 확실한 점은 그 후의 행동이 완전히 달라

진다는 것이다. A의 경우 단시간 동안 보고서를 쓰는 방법을 진지하게 생각할 것이다. 반면 B의 질문은 애초에 해결책을 찾기 위한 질문이 아니라, 단지 자신이 곤란한 상황에 처했음을 자각할 뿐이다.

자기 자신의 마음에 질문을 던지고 대답하는 일을 '자문자답'이라고 한다. 자문자답을 할 때 항상 같은 질문만 한다면 사고를 다양화할 수 없고, 타인에게 질문을 할 때도 매너리즘에 빠져 새로 배우는 것이 줄게 된다.

이것은 마치 까마득히 높은 산에 오를 때와 근처의 완만한 산으로 소풍을 갈 때 똑같은 장비를 사용하는 것과 같다. 학습이나 일의 상황에 맞추어 자신과 타인에게 모두 적절한 질문을 던지는 일이 중요하다. 좋은 자문자답은 자신의 사고력을 발전시킨다. 자신에게 질문하는 능력을 길러야 타인에 대한 질문에도 깊이가 생긴다.

자문자답의 연구

자문자답은 많은 사람이 평상시 무의식중에 실시하는 일이므로 간과되기 쉽지만, 옛날부터 철학과 논리학에서는 중요한 사고법으로 간주되었다. 프랑스의 철학자 르네 데카르트

(René Descartes, 1596~1650)는 가치 있는 지식은 '자기 자신을 바라보는 일'을 통해 얻을 수 있다고 말했다. 또 독일의 생리학자 빌헬름 분트(Wilhelm Wundt, 1832~1920)는 인식과 의식에 대한 연구의 중심 요소로 자문자답을 이용한 '내성(內省, 자기 성찰)'을 주목했다.

심리학에서 자문자답은 '내성적 지능'이라고도 하며, 자기 자신을 잘 이해하고 독자적인 학습과 작업의 틀로 생활을 통제하는 능력을 가리킨다. 시드니 대학교에서 코칭심리학을 연구하는 앤서니 그랜트 교수의 연구에 따르면 내성 능력이 뛰어난 사람은 더 명확한 목적의식을 가지고 있으며 심신의 상태, 자기수용, 행복의 정도가 다른 사람들보다 높다.

스스로에게 질문하기 4단계

그러면 스스로에게 잘 질문하기 위해서는 어떻게 해야 할까? 예를 들어 '영국으로 유학을 가기 위해 지금 해야 할 일은 무엇인가?'를 주제로 아래 단계를 통해 효과적으로 질문해보자. 회사의 이직 등 자신의 커리어가 고민될 때도 이러한 자문자답을 활용하면 좋다.

① 구체적인 질문을 생각한다

'인생은 무엇인가?' 등 철학적이고 막연한 질문이라면 대답하기 어렵다. 스스로 대답하기 쉽도록, 가능한 한 현실적이고 간단한 질문을 하자. 요령은 다음과 같다.

- **구체화 → 간결하게 한 문장으로 한다.**
- **비교 → 질문할 내용 중 우선순위를 정한다.**
- **결정 → 목적은 한 번에 하나만 설정한다.**

구체화에는 'SMART 법칙'이 도움 된다. SMART는 Specific(구체적), Measurable(측정 가능성/숫자), Achievable(달성 가능성/현실성), Related(목표 관련성), Time-bound(시간 제한/'언제까지')의 머리글자를 딴 것이다.

예 │ 유학에 필요한 기술은 무엇일까? 영어 실력? 커뮤니케이션 능력? 전문 지식?

커뮤니케이션 능력을 기르기 위해서는 어떻게 해야 할까?

② 생각에 지나치게 제약을 두지 않는다

'돈이 없으니까' '시간이 없으니까' 등의 제약을 가능한 한 잊은 상태에서 생각하는 습관을 들이자. 요령은 다음과 같다.

- **배경의 이해와 정리** → '왜 그렇게 하려고 했는지' 배경을 생각한다.

- **육하원칙** → '누가, 언제, 어디서, 무엇을, 어떻게, 왜'를 기본 삼아 자유롭게 생각한다.

- **관련성** → 목표의 의의와 달성 후 과제의 관련성을 명확히 한다.

예 영어 실력을 기르고 싶다, 영국 문화에 관심이 있다, 영국 록 음악을 좋아한다.

유학 전부터 준비한다, 친구들과 함께 유학을 간다, 세계적으로 유명한 교수의 강의를 듣는다, 커뮤니케이션학에 대한 지식을 쌓는다, 영국 원어민과 교류한다.

다른 문화의 사람들과 교류해서 커뮤니케이션의 다양한 차이를 알고 싶다, 나중에 영국에서 일하고 싶다.

③ **지나치게 오래 생각하지 않는다**

계속 생각한다고 해서 문제가 해결되지는 않는다. 세밀한 부분에 지나치게 집중하지 말고, 정말로 중요한 부분을 늘 염두에 둔 채 질문하자. 요령은 다음과 같다.

- **근거를 확인한다 → 자료나 숫자에 편향이 없는지 객관적으로 분석한다.**

- **양 측면을 확인한다 → 장단점 등을 간단히 생각한다.**

- **현실적인지 확인한다 → 단순한 바람이나 소망이 아니라, 달성이 가능한 일인지 검증한다.**

 어학 시험에서는 이미 충분한 점수를 얻었고, 경제적인 장벽도 없다.

유학을 통해 영어 소통 능력은 얻을 수 있지만 구직 활동 시기를 놓칠지 모른다.

어학 시험 점수를 20점 높이면 유학 지원 제도를 활용할 수 있다.

④ **글로 쓴다**

질문을 글로 쓰기를 반복하다 보면 더 훌륭하고 적절한 질문이 서서히 드러날 것이다. 요령은 다음과 같다.

- 머릿속에 떠오른 질문을 적는다.

- 질문 또는 달성하고자 하는 목적이 애매하지 않은지
  확인한다.

- 언제까지 목표를 달성할지 생각한다.

예

> - 내게 유학이 필요한가?
>
> - 올해 안으로 어학시험 점수를 높인다.
>
> - 장학금 제도를 활용할 수 있다.
>
> - 출국 전까지 유학에 필요한 어학 실력과
>   지식을 쌓는다.

자문자답을 어려워하는 사람의 특징

최근 여러 학문 분야에서 자문자답에 대한 연구가 진행되고
있는데, 자문자답을 어려워하는 사람들에게는 다음과 같은
공통점이 보인다.

○ 평소에 그다지 깊이 생각하는 습관이 없다

평소부터 차분히 생각하는 습관이 없으면 자문자답에서 어
떤 질문을 하고 어떤 대답을 내놓을지 파악하지 못한다. 뉴

스나 신문 등에서 보고 들은 것을 깊이 생각하는 시간을 가능한 한 많이 가져보자.

○ **모든 일을 부정적으로 받아들이는 경향이 있다**

항상 부정적으로 생각하는 경향이 있으면 무의식적으로 '내가 할 수 있을 리 없어' '안 될 게 당연해'라는 전제로 자신 없는 질문만 하게 된다. 부정적인 질문에서 긍정적인 대답을 이끌어내기는 어렵다.

○ **목표의식이 없다**

목표가 없는 사람은 현상을 정리해서 행동에 우선순위나 순서를 매기는 일을 어려워하며, 적절한 자문자답을 하지 못할 가능성이 있다.

8장

비판하기

비판적 사고를 통해
상대방을 지적으로 돕는다

"이유가 뭘까?"

"그것은 당신의 의견인가요, 아니면 사실인가요?"

이런 말을 빈번히 주고받으며, 매사를 무비판적으로 수용하지 않고 객관적·다면적으로 고찰하려 노력하는 사고법을 '비판적 사고'라고 한다. 무작정 상대방의 생각을 비판한다는 부정적인 의미가 아닌, 다음과 같은 효과가 있다.

- 생각의 모순이나 빈틈을 극도로 줄인다.
- 폭넓은 관점에서 생각해 최선의 방법을 이끌어낸다.

- 눈앞의 정보가 필요한 정보인지 판단해서 선택한다.

이러한 사고는 소통 능력, 글쓰기 능력, 이해력 등 학습 능력 전반의 향상에 기여하는 것으로 알려져 있다. UN의 OECD와 ESD(지속가능발전교육) 커리큘럼에서도 비판적 사고는 육성해야 할 자질 중 하나로 제시되고 있다. 고도의 정보화 사회에서는 정보를 주체적으로 선택하고 활용하는 능력이 살아가는 데 필수이기 때문이다.

비판적 사고의 3가지 기본

교과학습에 대한 연구 등에서는 비판적 사고의 기본으로 다음과 같은 세 가지를 들고 있다.

○ **목적이 무엇인지 항상 의식한다**
목적을 명확히 설정하지 않으면 검토가 일부에 그치거나 끝없이 이어질 수 있다. 무엇을 위해 생각하는지 의식하자.

○ **자신과 타인의 사고에 고정관념과 편향이 있음을 전제한다**
사람은 생각할 때 가치관과 선입견이 무의식적으로 작용해서 사실을 곡해하는 경우가 많다. 바람이나 억측을 바탕으로 판단하거나, 자신에게 편리한 정보만 수집하지 않았는지 확인하고, '다른 요인은 없는가?' 등 객관적인 시점에서 사고하는 습관이 필요하다.

사실과 결론을 연결할 때는 논리적으로 옳은지 확인할 필요가 있다. 가설을 실험이나 관찰 등으로 검증하고, 그 검증이 사실과 합치할 때 비로소 사실이 되는 것이다. 가설이 틀리면 거기서 도출되는 결론도 완전히 틀리고 만다.

○ **질문을 계속한다**

결론에 다다르면 항상 '다른 이유는 없는가?'를 생각한다. 변화무쌍한 현대 사회에서는 정답이 없는 과제가 수없이 존재하며, 심지어 한때는 정답이었던 것이 나중에는 오답이 되는 일도 있기 때문이다.

어느 사회심리학 연구에서는 이 세 가지 기본을 의식하며 한 집단에 하루 몇십 분의 비판적 사고 수업을 약 2개월간 실시한 결과, 그렇지 않은 집단보다 IQ와 언어이해력 등이 비약적으로 상승했다.

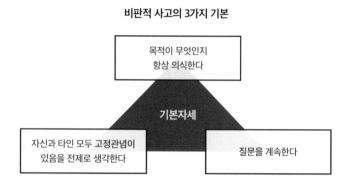

비판적 사고의 3가지 기본

목적이 무엇인지
항상 의식한다

기본자세

자신과 타인 모두 고정관념이
있음을 전제로 생각한다

질문을 계속한다

전제, 가정, 결론으로 나누어 생각한다

비판적 사고에서는 가설을 전제, 가정, 결론으로 나누어 생각한다.

- 전제 → 사실이며 변하지 않는 것
- 가정 → 사실에 대한 의문, 변할 수 있는 것
- 결론 → 전제와 가정에 따라 도출되는 결과

가정은 전제와 결론을 연결하는 접착제의 역할을 하며, 가정이 달라지면 전제는 같아도 결론이 달라진다.

전제 '국내 학생의 해외 유학 건수는 지난 5년간 극적으로 감소했다.'

가정① '국내의 학습 환경에 만족하는 소극적인 경향이 생겼다.'

결론① '소극적인 경향을 개선하기 위한 계발 프로그램이 필요하다.'

가정② '경제 불황으로 유학을 갈 경제적 여유가 없다.'

결론② '유학 장학금 제도의 확충이 필요하다.'

그다음은 실제로 비판적 사고를 해보자.

예 '요즘 젊은이들 사이에 휴대전화 게임 앱이 유행하고 있다. 게임을 하면서 공부도 하는 앱이 있으면 분명히 잘 팔릴 것이다.'

전제 '젊은이들 사이에서 휴대전화 게임 앱이 유행하고 있다.'

가정 '공부 게임 앱을 개발한다.'

결론 '그런 앱이 있으면 잘 팔린다.'

이 세 가지를 비판적으로 분석해보자.

351

○　　전제에 대한 의문

'정말 젊은이들 사이에서 휴대전화 게임 앱이 유행하고 있는
가?'

→ 게임보다 SNS나 유튜브가 더 유행하고 있다.

실제 게임 이용자는 적은 것이 아닐까?

○　　가정에 대한 의문

'게임을 하면서 공부도 할 수 있는 앱이란 무엇일까?'

→ 고도의 학습 기능이 있는 휴대전화 앱의 개발은 가능한가?

(화면, 글씨, 디자인 등)

개발할 수 있다고 해도 비용이 많이 들지 않는가?

○　　결론에 대한 의문

'설령 게임의 형태라고 해도 젊은이들이 공부를 할까?'

→ 학습 기능보다 오락성이 강하고, 공부에 대한 동기부여를 높이는
효과는 그다지 기대할 수 없는 것이 아닌가?

'젊은이들이 직장을 금방 그만두는 이유는
무엇인가?'에 대한 비판적 사고

다음 의견에 대해서 비판적 사고를 해보자.

'최근 젊은이들이 직장을 금방 그만두고 있다. 왜냐하면 의욕 없는 젊은이들이 증가하고 있기 때문이다. 그러므로 젊은이들을 회사에서 키워주기보다 면접 방식을 강화해야 한다.'

○　　가설을 전제 + 가정 + 결론으로 나눈다

- 전제 → '최근 젊은이들의 이직률이 높다.'
- 가정 → '금방 그만두므로 회사에서 키워줘도 소용이 없다.'
- 결론 → '면접 방식을 강화해야 한다.'

○　　비판적으로 생각한다

'정말로 젊은이들의 이직률이 높은가?'

'의욕이 없는 젊은이가 정말로 많은가?'

'어느 정도의 기간 후에 어떤 이유로 그만두는지 조사했는가?'

'그것이 최근 젊은이들의 이직률 자료와 일치하는가?'

'회사가 젊은이들의 의욕을 꺾고 있는 것은 아닌가?'

'금방 그만두기 때문에 키워주지 않는 것인가,

키워주지 않기 때문에 그만두는 것인가?'

'금방 그만둘 사람을 면접에서 구별하는 일이 애초에 가능한가?'

비판적 사고와 논리적 사고의 역할 차이

사고법 중 유명한 것이 비판적 사고 외에 논리적 사고다. 두 사고를 비교하면 다음과 같은 차이가 있다.

- 비판적 사고 → '정말로 옳은가?'를 비판적으로 검증해 본질을 추구한다.

- 논리적 사고 → 사물과 현상을 논리적으로 분해해 생각한다.

친숙한 예를 들어 생각해보자. '에어컨 매출이 지난해 같은 시기보다 5퍼센트 상승했다'는 사실의 이유를 생각할 때, 논리적 사고는 다음과 같이 진행된다.

에어컨은 실내를 시원하게 만드는 상품이다.

↓

올해 여름은 기록적인 폭염이 계속되었다.

↓

에어컨의 매출이 상승한 원인 중 하나는 폭염이다.

한편 비판적 사고는 다음과 같이 근본적인 원인부터 생각한다.

'에어컨을 구입하는 사람들은 애초에 어떤 목적으로 구입하는가?'
'폭염을 피하는 일 외의 목적도 있는 것이 아닌가?'

두 사고법은 완전히 별개의 것은 아니다. 가령 비판적으로 생각하고 논리적으로 설명하듯, 두 사고법의 역할을 분담하면 효과적으로 문제를 해결할 수 있다.

동료 평가로 친구나 동료의 비판을
강점으로 바꾼다

글이나 발표 등의 성과물을 동료들이 평가하고 검증하는 일을 '동료 평가(Peer Review)'라고 한다. peer(피어)란 친구나 동료 등 기본적으로 자신과 가까운 입장의 사람을 가리킨다.

동료 평가는 다음 전제를 바탕으로 실시한다.

- 평가하기 전에 목적을 이해한다.
- 서로 터놓고 의견을 이야기할 수 있는 관계에서 실시한다.
- 좋은 점과 개선해야 할 점을 모두 구체적으로 지적한다.

이렇게 하면, 윗사람이 일방적으로 실시하는 평가에서

는 상하관계로 인해 얻기 어려운 '자신을 객관적으로 분석하는 능력'과 '듣는 이의 입장에서 평가하는 능력'이 향상된다. 또 의욕의 향상으로도 연결된다.

동료 평가는 교육학을 비롯해 다양한 분야에서 연구되고 실천된다. 국어교육 분야에서는 친구가 쓴 글을 서로 읽고 의견을 교환하면 다음과 같은 효과가 있다고 한다.

- **글쓰기에 대한 불안이 완화된다.**
- **독자의 존재(친구들의 시점)를 의식하게 되어 글쓰기가 인지적 활동인 동시에 사회적 활동이라는 점을 이해하게 된다.**
- **자신이 쓴 글을 타인의 글과 비교하여 스스로 인식하지 못했던 문제점을 깨닫는다.**

무엇보다 '나를 위해 이렇게 고민해준다'라는 발견에 다른 사람들의 평가를 듣는 일이 즐거워진다.

전제는 '신뢰 관계가 있는가'

서로 비판할 수 있는(장점과 단점을 말할 수 있는) 관계는 신뢰 관계를 바탕으로 성립된다. 그러므로 동료 평가를 할 때는 평소부터 허물없이 서로 의견을 말할 수 있는 것이 전제가 된다. 나의 세미나에서도 학생들끼리 솔직하게 이야기를 나누는 분위기를 중시한다. 다른 사람이 발표할 때는 우선 다음과 같이 좋은 점을 말하도록 한다.

'내용이 흥미롭다.'

'논리적으로 설명했다.'

'이야기할 때 표정이 좋다.'

그 후 다음과 같이 개선할 점을 이야기한다.

'파워포인트 글씨가 작아서 더 크게 했으면 좋겠다.'

'설명의 논리 전개가 좋지 않다.'

'조금 더 사람들을 바라보면서 이야기하면 좋겠다.'

"개선해야 할 점을 지적하면 앞으로 상대방에게 도움이 된다"라고 말해두면 학생들이 의견을 더 쉽게 말한다. 학계에서는 '노력해 내놓은 결과에 대해 긍정적인 의견을 말하는 것이 좋은가, 부정적인 의견을 말하는 것이 좋은가?'에 대한 연구가 흔히 이루어지는데, 양쪽 모두 각 입장을 지지하는 방대한 논문이 존재한다. 나의 경험으로 보면 이것은 때와 장소에 따라 달라진다. 이분법에 얽매이지 않고 때로는 양쪽을 함께 사용해야 한다고 생각한다.

상대방이 성공하고자 하는 동기가 강한지, 실패하지 않고자 하는 동기가 강한지 생각한다

동료 평가를 상대방의 성격에 맞추면 효과를 최대화할 수 있다. 성격은 크게 '성공하고 싶다'는 동기가 강한지, '실패하고 싶지 않다'는 동기가 강한지 두 가지로 나뉜다.

전자라면 아래와 같이 '목표를 달성하기 위한 말'을 들으면 동기부여가 잘 된다.

"이 영어 시험에서 목표 점수를 달성하면 유학을 갈 수 있어요."

"이 부분을 다 쓰고 나면 논문을 제출해도 좋습니다."

후자는 다음과 같이 '주의를 환기하는 말'을 들으면 동기부여가 잘 된다.

"이야기의 논리 전개가 좋지 않으면 듣는 사람이 혼란스러워져요."

"눈을 맞추지 않으면 청중의 관심을 이끌어낼 수 없지요."

성공하고 싶다는 동기가 강한 사람에게 긍정적인 평가를 제시하는 일은 그다지 어렵지 않다. 반면 실패하고 싶지 않다는 동기가 강한 사람에게 비판적인 평가를 제시할 때는 주의가 필요하다. 날카로운 말로 상대방을 위축시키게 되면 그 후의 인간관계에 영향을 끼치기 때문이다. 그러니 실패하고 싶지 않다는 동기가 강한 사람에 대한 동료 평가는 아래 3단계로 실시하자.

① 행동 과정의 문제점을 지적한다(성격의 측면은 절대 언급하지 않는다).

② 그 문제점이 가져올 나쁜 결과를 이야기한다.

③ 실패하지 않기 위한 조언을 한다.

긍정적이든 부정적이든 동료 평가를 전달하는 방법에는 일종의 틀이 있다. 상황, 행동, 성과, 제안의 형식을 참고해보자.

○ **상황(Situation)**

[　　　　　]씨가 [　　　　　]할 때(상황)의

○ **행동(Behavior)**

[　　　　　]한 행동(방식)이 [　　　　　](타인 등)에 대해

○ **성과(Impact)**

[　　　　　]라는 점에서 좋았습니다(개선이 필요합니다).

○ **제안(Proposal)**

그러니 나아가 [　　　　　]해보면 어떨까요?

단순히 "좋네요!" "대단하네요!" 등의 말만으로는 어떤 점이 좋았는지 또는 나빴는지 알 수 없다. 상대방의 강화하고 싶은 행동이나 수정하고 싶은 행동을 가능한 한 구체적으로 말해야 한다. 그러기 위해서는 상대방을 잘 관찰하는 것이 중요하다.

긍정적 동료 평가와
부정적 동료 평가를 해보자

동료 평가의 형식을 이용해서 성공하려는 동기가 강한 사람, 그리고 실패하지 않으려는 동기가 강한 사람에게 긍정적인

의견과 부정적인 의견을 말하는 연습을 해보자.

○　**성공하려는 동기가 강한 사람에 대한 동료 평가**

A 씨는 내년부터 유학을 가기로 결정됐다. 그래서 영어 소통 능력을 갖추고 싶어한다. 특히 말하기 실력 향상이라는 목표를 위해, 자신이 영어로 말하는 모습을 보여주고 의견을 구하고 있다.

긍정적 동료 평가

A 씨가 영어를 말할 때(상황) 발음과 억양이 정확해서(행동) 상대방이 알아듣기 쉬울 것 같습니다(성과). 목소리의 크기와 높낮이를 바꾸거나, 제스처를 곁들이면 더 잘 전달 되리라 생각합니다(제안).

부정적 동료 평가

A 씨가 영어를 말할 때(상황) 언어적 측면에 신경을 쓰다 보니(행동) 비언어적 측면이 약해서 기억에 잘 남지 않습니다(성과). 그러니 목소리의 크기와 높낮이를 바꾸거나 제스처를 곁들여서 더 강한 인상을 남길 필요가 있다고 생각합니다(제안).

○ **실패하지 않으려는 동기가 강한 사람에 대한 동료 평가**

B 씨는 발표할 때 손에 든 메모에 지나치게 집중해서 청중을 보지 않고 이야기하기 때문에, 청중의 관심을 끄는 힘이 부족하다.

긍정적 동료 평가

B 씨는 발표할 때(상황) 내용을 확실히 전달하기 위해서 메모를 중시하는 덕분에(행동), 듣는 사람들도 설명을 이해하기 쉽다고 생각합니다(성과). 청중에게 시선을 주며 이야기하면 더 관심을 끌 수 있을 것입니다(제안).

부정적 동료 평가

B 씨는 발표할 때(상황) 시선이 손에 든 원고에 집중되어 있어서(행동) 청중이 지루해하는 경우가 있습니다(성과). 이야기할 때는 가능한 한 회장 전체에 Z자 형태로 시선을 옮기면 그 부분이 개선될 것이라고 생각합니다(제안).

토론으로 건강한 비판 정신을 기른다

다양한 언어와 문화를 가진 사람들의 교류가 활발해지는 현대 사회에서, 전에 없던 문제를 분석하고, 격렬한 의견 대립 속에 합의를 이끌어내며, 타 집단의 협력을 얻기 위해 설득할 줄 아는 사람, 매사를 확실히 판단할 수 있는 인재의 육성이 요구되고 있다. 그러기 위한 효과적인 방법이 '토론(debate)'이다.

토론(debate)과 토의(discussion)는 자주 혼동되지만 토의가 자유로운 논의인 반면, 토론은 의견의 대립을 전제로 주제를 설정하고, 찬성과 반대를 나누어 최종적인 승패를 가리는 것이다.

가령 옥스퍼드 대학교에는 '옥스퍼드 유니온'이라는 토론 동아리가 있고 이 동아리는 항상 다양한 주제로 토론회를 개최한다. 2022년 현재 영국의 총리인 보리스 존슨, 전 총리인 토니 블레어도 소속되어 있던 전통 있는 동아리다.

토론으로 서로의 주장에 대한 근거와 정보를 찾고 비판함으로써, 하나의 주제에 관해 논리적이고 이성적인 판단을 내리는 사고력이 자라난다.

토론을 진행하는 방법

토론은 대략 다음과 같은 형식으로 이루어진다.

찬성 측의 입론 → 반대 측의 질의 → 반대 측의 입론

→ 찬성 측의 질의 → 반대 측의 반박 → 찬성 측의 반박

→ 반대 측의 최종변론 → 찬성 측의 최종변론

① **입론**

논제에 대해 찬성과 반대 입장에서 의견을 명확히 말한다. 찬성 측은 토론을 시작하는 역할을 맡는다. 반대 측은 찬성 측의 입론 내용을 염두에 두고 입론하는 것이 바람직하다.

② 질의응답

상대방의 논의에서 불명확한 부분을 확인하거나, 논리가 모순되는 부분을 지적한다. 질문하는 쪽이 주도권을 쥔다. 답변하는 쪽의 발언을 가로막아도 괜찮다. 이것이 전체 토론 중에서도 진짜 '토론'에 해당하는 부분이다.

③ 반론·반박

상대측의 의견에 대한 비판, 상대측의 비판에 대한 반론을 실시한다. 상대방의 질의 중 답변하지 못했던 부분이 있다면 여기서 답변한다.

④ 최종변론

지금까지의 흐름을 재구성하며 상대측보다 자신들의 입장이 옳음을 호소한다. 여기서는 두 가지 주의점이 있다.

- **새로운 주장이나 근거는 제시하지 않는다.**
- **단순히 입론을 반복하지 않는다.**

이 ①~④단계를 거쳐 마지막으로 심판이나 청중이 심의해서 승패를 결정한다.

토론의 판정

토론의 심판은 최대한 개인적인 생각을 개입시키지 않고, 이성적이고 차분하게 논의를 판단해야 한다. 일반적으로는 오른쪽 페이지와 같은 플로우 시트를 바탕으로 논의의 흐름을 상기하며 각각의 강점과 약점이 어느 정도인지 판단한다.

○ **어느 쪽의 근거가 더 훌륭한지 비교한다**

주장이 갈리는 부분에서 어느 쪽의 증거가 더 우세한지 다음과 같은 점을 살핀다.

· **경험적 사실 > 사실관계의 예측**

· **새로운 증거 > 오래된 증거**

· **권위 있는 사람의 발언 > 일반인의 발언**

· **논제 특유의 증거 > 일반적인 증거**

368

○ 입론에서 반론까지 전체에 걸쳐 승패를 판정한다

'입론에서는 찬성 측이 우세' '첫 번째 반박에서는 반대 측이 이김' 등으로 단계마다 판정하는 경향이 있으나, 판정은 전체에 대해 내리는 것이 바람직하다. 서로 두 번째 반론이 끝난 시점에서 강점의 합계와 약점의 합계를 비교하고 점수가 높은 쪽의 승리를 선언한다.

토론의 플로우 시트

찬성 측 입론	반대 측 질의	반대 측 입론	찬성 측 질의	반대 측 반박 1	찬성 측 반박 1	반대 측 반박 2	찬성 측 반박 2

반론의 5가지 양상

반론에서는 서로의 입론에 대한 '공격'과 '방어'를 펼치며 자신들의 주장이 상대방의 주장보다 설득력이 있다고 강하게 어필한다. 다만 반론은 무턱대고 상대방을 이기려 들거나 자신의 주장을 밀어붙이는 일이 아니다. 반론은 서로 수용할 수 있는 최선책을 함께 찾는 목적을 위한 교섭이다. 진정한 문제 해결과 합의는 의견의 대립을 넘어선 곳에서 탄생한다.

반론에는 크게 다음과 같은 다섯 가지 유형이 있다.

○ **상대방의 근거에 존재하는 모순점이나 문제점을 지적한다**
   (토론 용어로는 '연결고리를 끊는다'고 하며, 가장 기본적인 반론 기술이다)

'대통령제를 계속 유지한다'

찬성: 대통령에게 권한이 집중되어 주도권을 발휘할 수 있으므로 정책을 신속히 실행할 수 있다.

반대: 대통령도 결국 소속 정당의 대표이므로 당내의 합의에 따라 의사결정을 내린다. 따라서 주도권을 발휘하지 못하며, 정책도 신속히 실시할 수 있다는 보장이 없다.

370

○　　다른 근거를 가져와서 반론한다

（예）　**'의무교육 교과서를 태블릿으로 만든다'**

찬성: 학생들이 매일 무거운 교과서를 가지고 다닐 필요가 없어져 신체적인 부담이 줄어든다.

반대: 아이들이 실제 책을 접할 기회가 줄어들 것이 우려된다. 외국의 학교들처럼 교과서를 사물함에 두는 등의 조치를 취하면 된다.

○　　정보나 증거의 부족을 지적한다

（예）　**'배심원 제도를 도입한다'**

반대 의견: 일반 시민은 판사보다 사실판단 능력이 부족하므로 오심이 늘어날 위험이 있다.

여기에 대한 반론: 이미 배심원 제도를 실시하는 나라들에서 일반 시민이 판사보다 사실판단 능력이 떨어진다는 객관적인 자료는 아직 존재하지 않는다. 또 현직 판사들에게 사실판단 능력을 향상시키는 교육이 실시되고 있다는 자료도 없다.

○ 　상대방의 주장은 인정하면서 그 중요성에 의문을 제기한다

**'보건복지부와 고용노동부는 재택근무를 전면 추진해야
한다'**

찬성: 재택근무를 실시하면 러시아워나 날씨가 좋지 않을
때 기력을 소모하지 않아도 되고, 직장 내 인간관계 문제
도 없다.

반대: 이동 시간이나 인간관계에서 해방된다는 점은 이해
할 수 있다. 그러나 출퇴근으로 규칙적인 생활리듬을 유지
할 수 있는 사람도 많고, 업무가 재택근무에 적합하지 않
을 경우에는 오히려 부담이 된다.

○ 　상대방의 주장은 인정하면서 현상유지를 강조한다

**'교육부는 초등학교와 중학교에 유급 제도를 마련해야 한
다'**

찬성: 유급 제도의 목적은 아동이 확실히 학력을 쌓게 하
는 것이다. 유급 제도는 학력에 대한 동기부여로 이어진
다.

반대: 학력 저하 문제는 어느 정도 해소될 수 있다. 그러나
초등학교와 중학교는 학력을 쌓기 위한 장소만은 아니며,

학교 밖에서도 공부할 기회를 늘리는 방법도 있으므로 현 상태를 개선하는 것으로 충분하다.

셀프 토론으로 판단력을 기르자

일반직으로 토론은 두 명 이상이 실시한다. 그러나 혼자서 찬성 입장과 반대 입장으로 연습할 수도 있다. '셀프 토론'은 다음과 같이 실시한다.

① 주제를 설정하고 자신의 찬반 입장을 정한다

② 주장의 요점을 정리하고 구체적인 근거를 생각한다

③ 반론을 가정한다

④ 그 반론에 대한 자신의 반론을 생각한다

⑤ 다시 한번 자신의 주장을 확인한다

③의 반론을 생각할 때는 가능한 한 많은 사람이 알고 있는 사례나 공감할 수 있는 내용을 선택한다. 또 스스로 잘 설명할 수 없는 반론을 생각하는 것도 자신의 주장을 약화시킬 뿐 설득력이 없다. 상대방이 의문 없이 확실하게 수용할 수 있는 반론을 생각해내는 연습을 해서 비판 능력을 높이자.

'일본은 도쿄 올림픽 개최를 앞두고 서머타임을 도입해야
한다.'

(서머타임제, 일광 절약 시간제는 낮이 긴 하절기에 표준시를 1시간
앞당기는 것으로, 한국은 1988 서울 올림픽 때 주요 국가와 시간대를
맞출 필요성 등으로 서머타임을 도입했다 - 편집자 주)

① **주제를 설정하고 자신의 입장(찬성, 반대)을 정한다**

'나는 반대 입장을 선택하겠다.'

② **주장의 요점을 정리하고 구체적인 근거를 생각한다**

'개최위원회는 서머타임의 도입을 저탄소사회를 위한 유산
으로 삼겠다고 말한다. 그러나 수단이 목적에 부합하는지, 비
용과 부작용은 어느 정도인지 합리적인 설명이 필요하다.'
'사람들의 생활리듬이 무너질 것이다.'

③ **반론을 가정한다**

'해가 긴 시간대의 소비 증진을 기대할 수 있다.'
'도쿄 올림픽의 마라톤에서 더위 문제를 완화할 수 있다.'

④ **그 반론에 대한 자신의 반론을 생각한다**

'유럽에서는 서머타임을 폐지하자는 운동이 활발하다.'

'마라톤의 시작 시간을 앞당기면 된다.'

⑤   다시 한번 자신의 주장을 확인한다

'제도 개정의 부담이 크고, 도쿄 올림픽까지 시간이 부족하다.'

'생활리듬이 무너지면서 건강 문제가 발생할 우려가 있다.'

비판적 사고로 책을 비판한다

해외 대학교들의 보고서 과제 중에는 문헌을 잘 읽고 '요약' '설명' '고찰' '비평'하라는 과제들이 있다. 이 말들을 동의어로 받아들여도 괜찮을 때도 있지만, 엄밀하게 말하면 목적이 서로 다르다. 정확히 이해하지 못하면 과제의 취지와 다른 보고서를 제출에서 감점을 당할 수 있다(유학 초기에는 나도 그런 경우가 많았다).

특히 어려운 과제가 '비판적 독서'다. 비판적 독서는 문헌을 읽고 정확히 이해해서 내용을 요약한 후,

'왜 저자는 이러한 주장을 하고 있는가?'

'그 내용은 정말로 옳은가?'

'거기에 찬성하는가, 반대하는가?'

등을 비판적 관점에서 생각하는 것이다. 기본적으로는 비판적으로 자신의 주장을 쓰는 일까지 포함한다.

요즘 인터넷은 거짓, 비방, 사실의 탈을 쓴 개인의 의견, 이른바 '가짜 뉴스'로 넘쳐나고 있는 만큼 정보를 비판적으로 읽어내는 능력이 필요하다. 독서는 수동적이라고 생각하기 쉽지만, 비판적 독서에서는 스스로 판단해서 결정한 기준을 따라 검증하고 평가하며 적극적으로 읽는 태도가 길러진다.

비판적 독서의 공식

비판적 독서에서 특히 중요한 점은 원문에 대해 '나는 어떻게 생각했는가'(의문, 수용, 반론, 비판 등)를 생각하는 일이다. 여기에는 공식과도 같은 단계가 존재한다.

비판적 독서 = ①요약 + ②문제 제기 + ③논의

① 요약

자신이 읽은 문헌의 내용을 한 문단마다 한 줄로 정리하고, 마지막으로 그 문장들을 합쳐 글로 만든다. 자신이 왜 그 부분을 주목했는지 이유나 근거를 확실히 밝힌다.

② 문제 제기

요약 중 저자가 특히 중시하는 부분을 골라내고 거기에 대해 '의문' '수용' '반론' '비판' 등 자신의 입장을 명확히 한다. 사실을 빠짐없이 읽어내기 위해 육하원칙을 염두에 둔다.

③ 논의

문헌 속의 전제, 증거, 추론 등을 찾아내서 다음 형태 중 하나로 글을 쓴다.

> **· 반론 → 부정**
> **· 반론 → 대안 제시**
> **· 한정 → 보충, 대안 제시**
> **· 부정적 검토 → 긍정(보충)**

　결론은 마지막에 작성한다. 내용을 요약하고 정리한 후

최종적으로 찬성인지 반대인지 밝힌다. 결론 단계에서는 새로운 논점이나 의견을 내놓지 않도록 주의하자.

'외국인이 일본어를 사용하는 것은
신기한 일이 아니다'라는 글의 비판적 독서

비판적 독서의 공식을 이용해서 다음 발췌글을 비판적으로 읽고 요약, 문제 제기, 논의를 해보자.

지금부터 13년 정도 전의 일이다. 국제회의가 교토에서 열린 적이 있다. 동시통역 설비에 대한 설명 후에 "외국인 대표들은 영어로 발표하는 것이 원칙입니다"라고 통역사가 말했다. 그러자 주최자 중 한 명인 요시카와 고지로 교수가 화가 나서 "그건 상식을 벗어난 일입니다"라며 상당히 격렬한 어조로 항의했다.

일본에서 열리는 국제회의에서 외국인들이 영어를 사용하게 되어 있는 것은 사실이다. 그러나 일본어는 할 줄 알지만 영어는 할 줄 모르는 외국인들도 있고, 국민적 자존심 때문에 영어를 할 줄 알아도 영어로 말하려 하지 않는 경우도 있다. 요시카와 교수가 예상한 대로 이 회의에서는 일본어로 발표하는 외국인 대표가 여럿 있었다.

솔직히 말해 내가 처음으로 다른 서양인과 일본어로 대화했을 때는 어쩐지 이상한 기분이 들었지만, 일단 해보면 자연스럽게 느껴진다.

20년 정도 전에 소련에 여행을 간 적이 있다. 모스크바와 레닌그라드 대학교의 일본어과 교수와 학생들을 만나서 오로지 일본어로만 대화했다. 레닌

그라드의 호텔에서 공항까지 자동차를 타고 가기 전, 소련 여성 세 명이 나를 배웅하며 정중한 일본어로 인사했다. "모처럼 먼 곳까지 와 주셨는데 아무런 대접도 해드리지 못했습니다." 그래서 나도 지지 않고 맞장구를 쳤다. "아닙니다, 분에 넘치는 대접을 받아서 뭐라고 감사 말씀을 드려야 할지 모르겠습니다."

인사를 전부 주고받고 나서 이윽고 자동차에 탔다. 그때 처음으로 알았는데, 나와 마찬가지로 공항으로 가던 일본인 여행객이 나보다 먼저 타서 우리의 대화를 계속 듣고 있었나 보다. 그 여행객은 내가 소련인이 아니라는 사실, 소련인들과 나 사이의 공통 언어는 일본어밖에 없다는 사실을 알 리가 없었다. 그러니 분명히 왜 소련인들끼리 일본어로 떠드는지 이상하게 생각했을 것이다. 그러나 공항에 도착할 때까지 그 여행객은 입을 다문 채 내 쪽을 한 번도 쳐다보려 하지 않았다.

그러나 일본인이 일본말을 하는 외국인을 어떻게 느끼는지를 떠나 일본어는 점점 국제어가 되고 있다. 일본에서 열리는 국제회의의 경우, 꼭 영어를 사용하지 않는다 해도 놀랄 것이 없다.

도널드 킨, <국제어로서의 일본어>(2000) 중에서

---

① **요약**

영어는 하지 못하지만 일본어는 할 수 있는 외국인들도 있다. 익숙해지면 외국인과 일본어로 대화하는 일도 자연스럽게 느껴지며, 일본어는 점점 국제어가 되고 있다는 내용이다.

② 문제 제기

이제는 애니메이션 등의 문화를 통해 일본어가 세계 사회에서 사용되는 상황이 많이 관찰된다. 그러나 영어와 비교하면 아직 그 수가 적고, 기본적으로 일본 국내에서만 통용된다.

③ 논의

한 연구에 따르면 일본어의 습득은 세계 최고 수준으로 어렵다고 한다. 세계화가 진행되고 있는 현재는 공부나 일을 할 때 일본어만으로는 대처하기 어려워지고 있으며, 필연적으로 영어를 통한 커뮤니케이션이 중요해지고 있다.

그러므로 모국어를 소중히 하는 한편으로 가능한 한 다양한 언어와 문화를 가진 사람들과 커뮤니케이션하기 위해, 세계에서 널리 사용되는 영어의 습득은 놓지 말아야 한다.

PISA에서 뒤처지는 이유

OECD가 세계 각국을 대상으로 만 3년 주기로 실시하는 PISA(국제학업성취도평가)에 따르면 일본 학생들은 수학과 과학에서는 상위권 점수를 기록한 반면, 읽기는 평균 정도에 머무르는 상황이어서 문제가 되고 있다.

PISA에서 읽기는 '스스로 목표를 달성하고 지식을 활용해서 효과적으로 사회에 참여하기 위해 글을 이해하고, 이용하고, 숙고하는 능력'이며, 그중에 '비평'도 포함되어 있다.

2018년 평가 결과에서 일본의 읽기는 504점으로 79개 국가·지역 중 15위였다. OECD 평균인 487점보다 높은 축에 속하지만 그 전인 2015년의 516점(8위)보다는 하락했다.

읽기에서 일본 학생들의 정답률이 비교적 낮은 원인은 주로 글에서 정보를 찾아내기, 글의 질과 신빙성을 평가하기 영역 때문이었다고 한다. 자유서술 문제에서 자기 생각을 타인에게 전달하기 위해 근거를 들어 설명하는 부분도 과제라고 한다.

현재의 일본 학생들은 스마트폰으로 인터넷의 글을 많이 접하며, 검색으로 쉽게 정보를 얻을 수 있다. 그 때문에 정보를 선별하고 살피는 능력이 저하하는 경향이 여러 연구에서 드러나고 있다. 이런 상황을 고려해 행정부는 '독해력 향상 프로그램'을 실시하고 있으며, 학교의 중점 목표 중 하나로 비판적 독서를 충실히 실시하도록 요구하고 있다.

(한국의 경우 정부의 보도자료에 따르면 OECD 회원국 중 한국의 만 15세 학생들은 PISA2000부터 읽기·수학·과학에서 최상위 수준의 성취를 기록하고 있다. 하지만 2006년부터 2018까지 PISA 읽기 점수가 556-539-536-517-514점으로 지속적으로 하락하고 있음을 주목해야 한다는 교육계의 지적도 존재한다-편집자 주)

PISA(국제학업성취도평가)의 읽기 비교

순위	독해력	평균점수	순위	독해력	평균점수
1	베이징, 상하이, 장쑤, 저장	555	11	스웨덴	506
2	싱가포르	549	12	뉴질랜드	506
3	마카오	525	13	미국	505
4	홍콩	524	14	영국	504
5	에스토니아	523	15	일본	504
6	캐나다	520	16	호주	503
7	핀란드	520	17	타이완	503
8	아이슬란드	518	18	덴마크	501
9	한국	514	19	노르웨이	499
10	폴란드	512	20	독일	498

PISA(국제학업성취도평가)의 수학 비교

순위	수학	평균점수	순위	수학	평균점수
1	베이징, 상하이, 장쑤, 저장	591	11	스위스	515
2	싱가포르	569	12	캐나다	512
3	마카오	558	13	덴마크	509
4	홍콩	551	14	슬로베니아	509
5	타이완	531	15	벨기에	508
6	일본	527	16	핀란드	507
7	한국	526	17	스웨덴	502
8	에스토니아	523	18	영국	502
9	네덜란드	519	19	노르웨이	501
10	폴란드	516	20	독일	500

PISA(국제학업성취도평가)의 과학 비교

순위	과학	평균점수	순위	과학	평균점수
1	베이징, 상하이, 장쑤, 저장	590	11	폴란드	511
2	싱가포르	551	12	뉴질랜드	508
3	마카오	544	13	슬로베니아	507
4	에스토니아	530	14	영국	505
5	일본	529	15	네덜란드	503
6	핀란드	522	16	독일	503
7	한국	519	17	호주	503
8	캐나다	518	18	미국	502
9	홍콩	517	19	스웨덴	499
10	타이완	516	20	벨기에	499

출처: 2018년 OECD 국제학업성취도평가(PISA 2018) 점수

분노 관리로 비판의 스트레스를 조절한다

비판은 가정, 학교, 직장 등 커뮤니케이션이 이루어지는 곳에는 반드시 따라다닌다. 스트레스를 느끼지 않고 비판을 하거나 받는 일은 불가능하다. 왜냐하면 사람은 그럴 때 무의식적으로 '분노'와 '불안'이라는 감정을 느끼기 때문이다. 뇌과학과 심리학에서 분노와 초조함은 '자신을 지키기 위한 방어 반응'이라고 하며, 뇌의 대뇌변연계라는 부분이 활발히 활동하는 상태라고 한다.

우리는 비판적인 발언을 할 때 마음속에 분노나 불안의 감정을 축적하는 메커니즘을 가지고 있으며, 축적 용량을 벗어나면 감정이 '폭발'해서 겉으로 분출되고 만다. 그 결과 스트레스가 발생하고 심신이 악영향을 받는다.

감정에 휩쓸리지 않고 '비판과 원만한 관계를 유지하기' 위해 필요한 것이 분노 관리(Anger Management)다. 분노 관리는 1970년대 미국에서 개발된 심리 훈련의 하나로, '충동' '사고' '행동'이라는 세 가지 관점에서 감정을 조절한다.

'충동', 분노 호르몬을 억제한다

사람은 불안이나 위기에 직면하면 노르아드레날린('분노 호르몬'이라는 별명이 있음)이 분비되어 혈압이 상승하고, 근육이 긴장하고, 충동적으로 공격 태세에 들어간다. 분노 그 자체는 인간의 생리현상이지만 중요한 것은 충동을 통제하는 일이다.

○ 그 자리를 떠난다

구체적인 방법으로 잘 알려져 있는 것이 '그 자리를 떠난다'이다. 과열된 상황에서 일단 벗어나서 조금 진정한 후 돌아오면 화나는 상황에도 침착하게 대처할 수 있게 된다.

○   **6초 규칙**

머릿속에서 6초를 세면 분노를 진정시키는 데 효과적이라고 한다. 과학적으로는 일단 발생한 감정이 뇌의 이성에 관여하는 부분에 가장 크게 영향을 미치는 시간이 6초라고 한다. 6초를 기다리면서 최고치에 다다른 감정이 진정되기를 기다리는 것이다.

'사고', 감정을 명확히 한다

분노, 불안, 공포, 초조, 원망, 질투 등의 부정적 감정에 사로잡히면 사고가 흐트러진다. 특히 감정이 확실하지 않은 때, 여러 감정이 동시에 발생하는 때에는 자신의 감정이 어떤 상태이고 어디에 있는지 알지 못하게 된다.

○   **감정에 이름을 붙인다**

앞에서 6초 규칙을 이야기했는데, 대화 중의 6초는 생각보다 길게 느껴진다. 이 6초를 어떻게 보내느냐가 중요하다. 방법 중 하나가 그동안 감정에 이름을 붙이는 것이다. 가령 분노에 '발끈이'라는 이름을 붙이고 머릿속에서 '발끈아, 왜 그렇게 화가 났니?'라고 말을 걸면, 자신이 무엇에 분노를 느끼고 있는지 정리해서 차분한 마음으로 돌아올 수 있다.

○ **주제곡을 넣는다**

감정에 걸맞은 음악을 덧붙이는 방법도 효과적이다. 예를 들어 영화 〈죠스〉의 주제곡 등 무시무시한 이미지가 있는 곡을 고른다. 그리고 짜증이나 분노를 느낄 때 '앗, 발끈이가 또 등장합니다' 하고 마치 아나운서가 중계하듯 생각하면서, 〈죠스〉의 주제곡을 머릿속에 배경음악으로 흘리는 것이다. 반드시 한번 해보자! 의외로 효과가 있다.

'행동', 분노를 긍정적으로 바꾼다

분노 관리는 자신의 분노를 잘 조절해서 지나친 말과 행동을 억제하는 기술이지, 화를 내지 않기 위한 방법은 아니다. 화를 낼 필요가 있다고 판단한 일에 어떻게 행동하느냐의 문제다. 자신의 감정을 표출해서 상황이 바뀌는 경우도 있고, 자신의 힘으로 어쩔 수 없는 상황도 있을 것이다. 가령 아무리 주의를 줘도 상대방이 무례한 말을 계속한다면 감정을 조절하기 어려워진다.

○　**머릿속에서 우스운 얼굴 만들기**

우리는 비판을 할 때 자연스럽게 상대방의 대답이나 말투에 의식을 집중하게 된다. 이때 일부러 상대방의 표정에 시각을 집중시켜 머릿속에서 상대방의 얼굴을 우습게 바꾸면(눈코입의 위치를 바꾸거나 수염을 그리는 등) 화난 감정이 많이 해소된다.

　　다만 우스운 얼굴에 너무 집중하면 실제로 웃음을 터뜨릴 위험이나 상대방의 이야기가 귀에 들어오지 않을 위험이 있으므로 주의하자!

○　**잘 넘어가고 나면 자신에게 상 주기**

자신에게 상을 주는 일도 효과가 있다. 화가 나기 시작하면 '이따가 좋아하는 음식을 먹자' 등을 생각하며, 감정을 잘 조절한 자신에게 간단한 보상을 하기로 결정하면 좋다. 그 순간 분노는 '스트레스'가 아니라 스스로를 기쁘게 할 '기회'로 바뀐다.

　　이러한 기술들을 서로 조합하면 효과가 더욱 높아진다.

상대방과 서로 비판을 하면서 충동적인 분노를 느낀다.

↓

이야기를 멈추고 속으로 6초를 센다.

↓

그동안 감정에 이름을 붙이고 주제곡을 떠올린다.

↓

그 후 5초 정도 머릿속으로
상대방의 표정으로 웃긴 상상을 한다.

부하직원을 찾지 못해 화가 나는 감정을 조절해보자

급한 상황에 부하직원 B 씨를 찾지 못해 상당히 짜증이 나는
상황이라고 가정해보자.

나 **"B 씨, 어디 갔다 온 거예요? 꼭 찾을 때만 자리에 없네요."**

B **"총무과에 서류를 가져다주러 다녀왔습니다. 어디 놀러 갔
던 건 아니에요."**

나 **"바로 옆에 있는 총무과에 갔다 오는데 왜 이렇게 시간이
걸리는 거죠?"**

B **"하하, 그렇게 화내지 마세요!"** (진지함 없이 장난스럽게)

이 상황에서 '충동' '사고' '행동'의 조절을 이용해 분노를 관리해 보자.

○ **충동**

6초를 세며 마음을 가라앉힌다.

○ **사고**

자신의 감정에 '격분이'라는 이름을 붙인다. 격분이의 등장 주제곡으로 영화 〈록키3〉의 배경음악을 떠올린다.

○ **행동**

B 씨의 진지함 없는 얼굴을 오히려 우습도록 진지한 얼굴로 바꿔본다. 또는 이따 점심 식사 후에 오랜만에 벨기에 초콜렛이 들어간 진한 핫초코를 기특한 나에게 선물하자고 결정한다.

'화내지 않기'가 중요한 것은 아니다

남을 비판할 때는 '제대로 화를 내야 할 일'과 '그렇지 않은 일'이 있다. 가령 아이가 반사회적인 행동을 한 후 변명을 하고 있다면 부모가 확실하게 비판할(야단칠) 필요가 있을 것이다. 그 상황에서 화를 내는 것은 애정의 표현이기도 하다.

다만 화가 난 탓에 불필요한 비판을 해서 인간관계의 장을 해칠 수도 있다. 이 경우는 화냄 자체가 아니라, 부적절한 말을 해서 좋지 않은 결과가 발생한 것이다.

잘 비판하기 위해서는 자신의 가치관에 맞지 않는 일 때문에 화가 났을 때 그것을 상대방에게 '적절한 표현'으로 전달해야 한다. 구체적으로 화의 배경에 있는 감정, 자신이 상대방에게 바라는 점을 명확히 하고, 상대방에게 요구와 제안의 형태로 이야기하자.

9장

퍼포먼스

긴장을 조절해
최고의 퍼포먼스를 발휘한다

음악, 춤, 스포츠, 발표 분야에서는 흔히 '퍼포먼스'라는 말을 쓴다. 퍼포먼스(performance)는 영어와 프랑스어에 있는 단어이며 '상연, 시선을 끄는 행위, 성과, 수행' 등의 뜻을 지닌다.

perform이라는 말은 'per(완벽하게)' 'form(형태를 이루다)'이라는 두 단어로 나뉜다. 예를 들어 음악이라면 곡을 처음부터 끝까지 '완벽하게(per)' '연주하는(form)' 것이 된다. 그러나 남들 앞에서 이야기, 연주, 경기를 할 때는 완벽하게 하려 할수록 긴장하거나 평정심을 잃어버려서 고민인 사람도 많을 것이다.

일반적으로 한국과 일본처럼 집단주의 성향이 강한 나

라 사람들은 퍼포먼스를 할 때 긴장하는 경우가 다른 나라 사람들보다 많다고 한다. 남들과 다른 행위나 눈에 띄는 일을 하면 압박을 받기 쉽고, 수치심 때문에 가능한 한 실패를 피하려는 경향이 있기 때문이다.

여키스-도슨 법칙(Yerkes-Dodson Law), 적당한 긴장이 높은 퍼포먼스를 이끌어낸다

한편 역사적으로 사람들은 불안이나 공포로 인한 경계심을 잘 활용해서 길이 남을 퍼포먼스를 해왔다. 심리학자 로버트 여키스와 존 딜링햄 도슨은 쥐를 이용한 실험에서 뇌에 스트레스와 동기부여 같은 적절한 자극이 있어야 신체적 퍼포먼스가 좋아지고, 자극이 없으면 퍼포먼스가 나빠지는 법칙이 있음을 밝혀냈다. 궁지에 몰렸을 때(적절한 스트레스가 있는 상태) 생각지 못한 힘을 발휘하는 것도 긴장으로 인한 근력 향상과 관련이 있다.

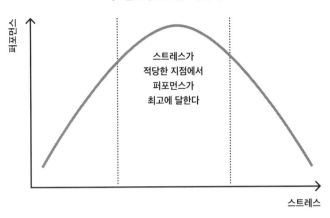

퍼포먼스와 스트레스의 관계

스트레스가
적당한 지점에서
퍼포먼스가
최고에 달한다

음악을 들으며 긴장에 강해지는
'주의 훈련'

지바 대학교 의학부부속병원 인지행동요법센터의 시미즈 에이지는 긴장이나 스트레스로 퍼포먼스에 지장이 생기는 상황을 인지행동요법으로 개선할 수 있다고 한다. 그 방법 중 하나가 '주의 훈련'으로, 이 방법이 공황장애나 불안장애에 효과적이라는 사실이 여러 연구에서 밝혀졌다.

주의 훈련은 긴장되는 상황에 대한 자신의 인지(생각)와 신체 감각(행동)으로 향하는 주의를 줄이고, 다른 일들로 유연하게 의식을 돌려서 스트레스를 피하는 것이다. 가령 폐소

공포증이 있는 사람이 만원 버스에 탔을 때, 주변의 답답한 상황이 아니라 자신의 호흡이나 창밖의 풍경에 주의를 기울여 긴장과 거리를 두는 것이다.

다양한 악기 소리에 순서대로 의식을 집중해서 '주의 훈련'을 해보자

음악을 들을 때는 가수의 목소리나 중심 멜로디에만 집중하는 경우가 많은데, 그 속에 연주되는 다양한 악기 소리에 의식을 집중하는 '주의 훈련'이 있다. 단계별로 따라 해보자.

① 자신이 좋아하는 곡을 고른다

예를 들어 애니메이션 〈겨울왕국〉의 주제가 〈Let It Go〉처럼 잘 알려진 곡이 좋다. 그전까지는 전혀 들리지 않았던 다양한 소리의 조합을 새삼 깨닫는 재미가 있기 때문이다.

② 순서대로 의식을 집중한다

처음에는 피아노 선율만 따라가고, 두 번째 들을 때는 바이올린, 세 번째는 드럼, 네 번째는 목소리, 이런 식으로 주의를 기울이는 부분을 바꾸자.

전주가 시작되고 나서 얼마간은 피아노 소리가 잘 들릴 것이다. 집중해서 들으면 거기에 바이올린(오케스트라) 소리가 겹치고, 곡이 고조되면서 드럼이 들어온다.

③ 다시 한번 전체를 듣는다

곡을 다시 들어보면, 집중해서 들었던 소리가 전체의 일부에 불과하단 걸 알 수 있다. 객관적으로 전체를 파악하는 감각을 얻게 된 것이다. 노래의 선율뿐 아니라 각 악기가 어떤 리듬으로 어떤 소리를 내는지 주의를 기울이면 곡 전체의 구성을 새롭게 느낄 것이다.

평소부터 이렇게 연습하면 긴장하기 쉬운 상황에서도 주의를 기울이는 대상을 자신 외의 다른 사물 등으로 조절할 수 있게 된다.

긴장을 해소하는 간단한 방법

퍼포먼스 중에 너무 긴장해서 제 실력을 발휘하지 못할 것 같으면 그 상태에서 빨리 빠져나와야 한다. 곧바로 실천할 수 있는 간단한 대처법을 소개하겠다.

○ **복식호흡법**

호흡은 자율신경에 영향을 준다. 의식적으로 천천히 숨을 내쉬면 마음을 차분히 할 수 있다. 다음과 같은 순서로 복식호흡을 실시해 보자.

① 처음에는 입을 오므리고 가능한 한 천천히 숨을 내쉰다

② 배를 천천히 부풀린다고 생각하며 코로 숨을 가득 들이쉰다

③ 이렇게 5~10번 반복한다

들숨과 날숨에 드는 시간의 비율은 1:2로, 즉 내쉬기를 의식적으로 더 오래 한다.

○ 손을 지압한다

손을 지압하면 불안과 긴장이 누그러지고 마음이 차분해지는 효과가 있다. 대표적인 지압점 '노궁' '신문' '합곡' 세 개를 알아두자.

· 노궁

주먹을 쥐었을 때 중지와 약지 끝의 사이(손바닥 정중앙 부근). 부교감신경을 우세하게 해서 피로를 회복하고 긴장한 근육을 풀어주는 효과가 있다.

- 신문

약지의 연장선상에 있는 손목의 주름 부분. 마음과 깊은
관계가 있는 지압점이라고 하며 불안과 긴장에 효과가
있다.

- 합곡

엄지와 검지의 사이에서 약간 우묵하게 들어간 부분(검
지에 더 가깝게). '만능 지압점'이라고 하며, 긴장한 근육을
풀어주는 효과가 있다.

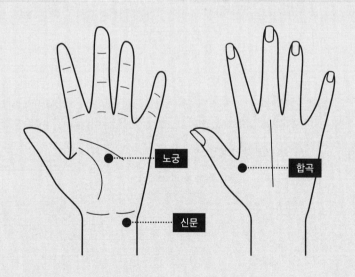

○ 이미지 트레이닝

상상 속에서 성공한 모습이나 과거에 성공한 경험을 머릿속에 스며들게 하여 뇌를 활성화하는 방법이다. 프로 운동선수들도 실시하고 있다. 평소 연습할 때 좋은 퍼포먼스의 이미지를 머릿속에 강력하게 심어두면, 실전에서도 뇌가 '평소와 똑같네'라고 느껴서 긴장하지 않고 평상심을 유지할 수 있다고 한다.

슬라이드와 전달 방법을 개선해서
이해하기 쉬운 발표를 한다

지금은 학회든 비즈니스든 파워포인트를 이용한 발표를 빼놓을 수 없는 시대다. 그러나 내용의 구성, 디자인, 실제 발표할 때의 기술이 부족한 까닭에 효과적이지 못한 발표를 많이 보게 된다.

청중의 관심을 끄는 발표는 '슬라이드'와 '전달 방법'이라는 두 개의 주축으로 이뤄진다. 슬라이드가 잘 정리되어 있어도, 이야기가 요점을 알 수 없어 지루하면 청중은 질린다. 반대로 아무리 말을 유창하게 해도 슬라이드가 복잡하면 (정보가 지나치게 많은 등) 청중이 잘 이해하지 못한다.

슬라이드는 '형식'과 '구성'이 핵심

슬라이드를 작성할 때는 형식과 구성이 핵심이다.

○　**형식**

- 큰 글씨를 사용한다(뒷자리에 앉은 사람까지 보여야 한다).

- 슬라이드 한 장에서 설명하는 내용은 최대 2가지로 요약한다.

- 시선의 흐름을 따라 글씨와 그림을 배치한다.

- 가능한 한 키워드로 요약하고, 글자 수가 많지 않게 한다.

- 누구나 읽기 쉬운 글꼴을 선택하고, 글꼴은 기본적으로 한 종류로 통일한다.

- 지나치게 많은 색상을 사용하지 않는다(내용을 파악하는 데 효과적인 색상 수는 최대 4개다).

- 복잡한 애니메이션은 사용하지 않는다.

○　**구성**

① 도입

청중의 관심을 끌기 위한 부분이다. 주목할 만한 사실을 말하거나 청중에게 질문을 해서, 발표의 주제와 목적, 전달하고자 하는 메시지를 명확히 제시한다.

② **본론**

발표의 본론 부분이다. 가장 많은 시간을 들여 자신의 주장을 충분히 전달해야 한다.

본론은 '결론 → 근거 → 구체적인 예·에피소드' 순서로 구성한다. 처음에 요점을 명확히 하고, 그다음에 납득할 수 있는 근거를 제시한다. 거꾸로 결론을 마지막에 두면 청중은 발표자가 무엇을 말하고자 하는지 마지막까지 알지 못해서 초조할 수 있다.

설명이 추상적일 경우에는 구체적인 에피소드를 들어 알기 쉽게 이야기한다.

③ **마무리**

발표를 마무리하는 부분이다. 앞으로의 전망 등을 이야기한다.

슬라이드의 초안을 만들고 난 뒤 슬라이드 쇼 기능을 이용해 처음부터 끝까지 재생해보자. 전체 흐름에 어색한 부

분이 없는지, 처음 보는 청중 입장에서 알기 힘든 슬라이드
는 없는지 확인한다.

전달 방법,
말하기와 비언어 요소를 모두 고려하라

슬라이드를 잘 완성했으니 효과적으로 발표할 차례다. 사람
들 앞에서 이야기할 때는 말하는 방식과 말 외의 비언어 요
소가 모두 중요하다.

○ **말하는 방식**

- **'평소보다 조금 느리게'를 의식하여 천천히 말한다.**

  (생각보다 우리의 일상 대화 속도는 매우 빠른데, 발표는 대화
  와 달리 일방향 소통이므로 속도가 느려야 이해하기 쉽다)

- **모든 사람이 들을 수 있도록 큰 목소리로 말한다.**

  (원고를 읽기만 하거나 기어들어 가는 목소리로 말하면 잘 들
  리지 않아서 청중이 스트레스를 받는다)

- **목소리의 톤을 신경 쓰며 또박또박 말한다. 약간 낮은 목소
  리로 말한다.**

  (특히 목소리가 높은 여성은 다소 낮은 목소리로 말하면 신뢰

감이 상승한다)

- 단순명료하고 격식을 갖춘 말투로 말한다.

- "어……" "그……" 등의 필러 워드(filler word)를 가능한 한 참는다.

  (내용이 곧바로 입에서 나오지 않을 때에도 침묵을 두려워하지 않는다)

○　비언어 요소

- 표정　→　미소가 기본이며, 내용에 따라 희로애락의 표정을 짓는다.

- 시선　→　알파벳 Z의 형태로 시선을 옮기며 회장 전체를 둘러본다. 3초씩 참석자들의 눈을 들여다본다.

- 제스처　→　슬라이드의 내용에 맞는 제스처를 넣는다.

- 움직임　→　같은 자리에 계속 있지 않고 적당히 움직인다.

일반적으로 사람의 집중력은 5~10분 정도라고 한다. 그 이야기를 처음 듣는 사람이라도 흥미를 이끌어내서 계속 듣고 싶게 해야 한다. 다시 정리하면, 말하고 싶은 내용이 확실하고 슬라이드가 단순하고 알아보기 쉬워야 한다.

리허설은 반드시 필요하다

슬라이드 만들기에 많은 시간을 쓰지 말고 발표 연습에 더 많은 시간을 할애하자. 연습을 반복하면 자신감이 생겨서 청중과 눈을 맞추거나 농담을 할 여유도 생겨난다. 준비해야 할 점은 아래와 같다.

○ **발표 메모**

발표 메모란 할 말을 간단히 적은 '컨닝 페이퍼'다. 발표 메모에는 키워드만 쓰고, 키워드만 봐도 말할 내용이 곧바로 머릿속에 떠오를 만큼 연습해야 한다. 파워포인트의 '노트' 기능을 이용하면 슬라이드와 메모를 함께 인쇄할 수 있어서 편리하다.

○ **발성 연습**

나의 스피치 수업에서는 세 가지 발성 연습을 한다.

- **아나운서 등 '말하기의 프로'들이 말하는 방식을 모방한다.**
- **'억양, 강약, 틈'을 의식하며 신문 기사나 책을 낭독한다.**
- **자신의 말을 녹음해서 들어 본다(목소리의 크기, 말투 등).**

녹음 기능을 이용해 자신이 어떻게 말하는지 객관적으로 들어보는 일은 발표를 개선하는 데 커다란 도움이 된다.

○ **목적의식**

발표를 잘하는 사람들은 리허설을 최소한 5회 정도 하는데, 첫 번째부터 다섯 번째까지 각각 다른 '목적의식'을 갖고 연습한다.

•1회 → 발표 시간과 슬라이드 확인

시간 내에 끝낼 수 있는지 확인하고, 발표 시 슬라이드와 맞지 않는 부분을 고친다.

•2회 → 말소리와 멈추는 부분의 확인

말소리의 억양, 강약, 틈을 의식해서 이야기한다.

•3회 → 기억의 확인

내용이 어느 정도 머릿속에 들어 있는지 메모를 읽지 않고 확인한다.

• 4회 → 비언어 요소의 확인

표정(미소, 진지함), 시선(회장 전체를 바라본다), 동작(제스처, 이동), 서 있는 자세 등을 의식한다.

• 5회 → 실제로 발표하듯 확인

지금까지 확인한 점들을 고려해서 진짜 발표라고 생각하고 열의가 느껴지게 리허설한다.

각 회차의 동영상을 찍어서 스스로 확인하거나, 친구들에게 피드백을 받아 청중의 시선에서 본 요소를 반영하면 더욱 효과적이다.

슬라이드 5장으로 자기소개를 해보자

발표에서 중요한 점들을 생각하며 다섯 장의 슬라이드로 자기소개를 해보자.

슬라이드 한 장에 1분, 소요 시간은 총 5분이며, 전체 슬라이드의 기본 구성은 도입 → 본론 → 마무리다. 특히 본론 부분에 할애하는 시간을 늘려야 한다.

① **도입**

1장: 자기소개(나이, 출신지, 이력, 가족 구성, 취미 등)

② **본론**

2장: 자신의 성격, 특징

(커뮤니케이션 능력이 높다, 대범하다, 낙천적이다 등)

3장: 왜 그렇게 되었는가(가족의 분위기, 교우 관계 등)

4장: 성격의 장점과 단점(과거와 현재의 경험 등)

③ **마무리**

5장: 앞으로의 전망

(장래의 꿈, 성격을 활용한 직업, 결혼 상대 등)

하고 싶은 말을 모두 집어넣기 위해 슬라이드 한 장마다 정보를 가득 채워 넣는 것은 좋지 않다. 예컨대 슬라이드한 장에 그래프 두 개를 넣으면 이해하기 어렵다. 슬라이드는 간결하게 만들고, 필요하다면 한 장 정도를 더 추가해도괜찮다.

원고를 써서 그대로 읽기만 하는 것이 아니라, 위에서적은 발표 메모를 적절히 보며 이야기한다. 어디까지나 슬라

이드 만들기보다 전달 방법에 중점을 두고 여러 번 연습하면
실전에서 큰 효과를 발휘할 수 있을 것이다.

PREP 구성

도입, 본론, 마무리 외에 잘 알려진 구성으로 'PREP'이 있다. 윈스턴 처칠 전 영국 총리가 즉흥 연설에서 즐겨 사용했기에 '처칠식 말하기법'이라고도 불린다. 자신의 전하는 핵심 메시지에 청자를 몰입시키게 하는 PREP 구성을 살펴보자.

PREP 전달 방법의 핵심

Point	결론, 요점, 가장 말하고 싶은 내용을 전달한다.
Reason	이유와 근거를 전달한다. (왜냐하면~)
Example	구체적인 예를 들어 이야기의 요점을 상상하기 쉽게한다.
Point	다시 한번 결론, 요점, 가장 말하고 싶은 내용을 정리한다.

"저는 우리 회사의 사무실 의자를 새로 바꾸어야 한다고 생각합니다.(P) 왜냐하면 기존의 의자가 업무 생산성에 악영향을 주고 있기 때문입니다.(R) 의자는 신체면적이 가장 많이, 오래 닿는 사무가구인 만큼 직원들의 업무 양상에 직접적인 영향을 끼칩니다. 그런데 현 사무의자에 앉았을 때 허리가 불편하다거나 잦은 바퀴 고장으로 스트레스를 받는다는 등 의자 관련 고충이 꾸준히 제기됐습니다.(E) 그러므로 저는 저희 사무실에 새 의자를 도입하는 것이 좋다고 생각합니다.(P)"

PREP의 구성을 따르면 어떤 이야기가 시작될지 요점부터 알 수 있고 주장을 뒷받침하는 사실과 자료가 제시되어 이야기의 진실성이 높아진다. 이유나 근거가 여러 개인 경우 "요점은 세 가지입니다"라고 먼저 말해두면 청자의 관심을 더욱 끌 수 있다.

역할극으로 자신과 다른 입장에 있는
사람의 마음을 이해한다

가끔 우리가 다루어야 할 주제는 개념과 사상 등 추상적이고 복잡한 것이 많아서 말로만으로는 설명이 잘 안 되는 경우가 있다. 이때 좋은 수단 중 하나가 역할극(Role Playing)이다. 역할극은 현실에 가까운 상황을 설정하고 참가자들이 특정 역할을 연기하게 하는 학습법으로, 혼자 힘으로는 깨닫지 못했던 객관적인 시각을 얻고 문제를 해결하거나 스스로를 재발견할 수 있다.

외국의 학교에서는 의무교육 단계부터 역할극을 적극적으로 도입해서, 타인의 시선에서 세상을 바라보는 즐거움을 느끼며 주체적으로 학습하도록 하는 풍조가 있다.

역할극의 효용

역할극은 정신의학자 야코브 모레노(Jacob Moreno, 1889~1974)가 개발한 심리극에서 발전한 것이다. 의사는 무대감독 역할로서 대본 없는 연극에 환자를 자발적으로 참여시키고 환자는 무의식 속의 욕구와 감정을 연기하면서 치료가 진행되는 집단심리요법의 형태다. 역할극에는 다음과 같은 효과가 있음이 밝혀졌다.

- 실제 인간관계(부모와 자녀, 교사와 학생, 상사와 부하)의 내용을 추측할 수 있다.
- 잘못 기억하거나 잘못 행동하고 있는 부분이 밝혀진다.
- 서로 좋은 점을 모방하고 나쁜 점을 주의할 수 있다.
- 다양한 유사 체험을 통해 타인의 관점에서 인식을 공유하고 경험 부족을 보완할 수 있다.

이것들은 수동적인 수업, 앉아서 하는 공부, 독서에서는 얻을 수 없는 역할극만의 효용일 것이다.

역할극의 유형

역할극은 기본적으로는 참가자가 각각의 역할을 연기해서 사람과 사람이 상호작용하는 상황을 경험하는 것으로, 아래 유형들로 나눌 수 있다.

○ **사례형 역할극: 현재 상황을 파악하고 타인의 관점을 이해한다**

실제 사례를 재현하는 가운데 자신과 상대방의 역할을 서로 바꿔 연기해서, 상대방을 더 깊이 이해하고 자기 자신을 새롭게 재발견하는 효과를 기대할 수 있다.

○ **모방형 역할극: 롤모델을 모방해 기술을 습득한다**

대표자 한 명이 역할극을 한 후 나머지 사람들이 전부 모방하는 방법이다. 모두가 같은 상황이 되어보면서 서로의 기술과 행동을 학습한다. 주요 방법은 다음과 같다.

- **거울법** → 대표자와 마주 선 채로 그의 동작을 모방한다. 자신의 모습을 본딴 행위를 보며 스스로를 객관화할 수 있다.

- 이중자아법 → 대표자의 역할극을 본 후 본인이 대표자에
　　　　　　　　　이입되어 그처럼 말하거나 행동한다.

- 마법의 가게법 → 무엇이든 사고팔 수 있는 '마법의 가게'
　　　　　　　　　라는 공상 속의 상황을 설정하고,
　　　　　　　　　점원 역과 손님 역이 협력해서 연기, 말,
　　　　　　　　　행동을 훈련한다.

○　집단 역할극: 다양한 관점을 이해하고 문제를 해결한다

각각의 입장을 연기함으로써 시야를 넓히고 그전까지 발견
하지 못했던 대응 방식에 대한 단서를 얻는다.

- 사례형 → 특정한 상황을 설정해서 어떻게 대응할 것인지
　　　　　　연기하고, 그 접근법은 적절한지 서로
　　　　　　피드백 한다.

- 이동법 → 상황을 변화시킴으로써 역할을 옮긴다.

- 역할역전법 → 상대방과 입장을 바꾸어, 상대방의 말과
　　　　　　　행동을 재현해보며 그의 감정을 마치
　　　　　　　자신의 것처럼 느낀다.

- 가입법 → 어떤 상황을 설정하고 거기에 등장인물을
　　　　　　한 명씩 차례로 끌어들인다.

사례형 역할극을 해보자

문제가 발생한 상황을 아래 단계에 따라 사례형 역할극을 통해 파악하고, 어떻게 대응할 것인지 생각해보자.

- 인원수: 3명
- 소요 시간: 50분

① 주제를 설정한다(10분)

'왕따 문제' '고객의 항의에 대응' 등 상황을 구체적으로 정한다.

예 '한국어를 어떻게 공부해야 할지 모르는 유학생과 이야기하는 방법'

유학생은 한국에 온 지 얼마 되지 않았고, 쉬운 한국어 표현도 애를 먹으며, 짤막한 한국어와 제스처만으로 의사소통을 한다.

② 역할극의 관점을 정한다(10분)

주제에 관한 중요한 관점을 몇 가지 정해서 깊이 고찰한다.

그리고 역할극을 통해 얻을 수 있는 점, 역할극에서 주요하게 관찰할 부분 등도 이야기한다.

예 한국어로 소통하기 힘든 유학생의 마음을 이해한다.

한국어 지식이 적은 사람에게 조언할 때 한국인이 주의할 점(전문용어와 의성어의 사용 등)

두 사람이 원활하게 커뮤니케이션하기 위한 아이디어

③ 워밍업을 한다(5분)

시작하기 전 마음 편하게 연기할 수 있는 분위기를 만든다.

④ 역할을 정한다(5분)

전체 진행을 하는 이, 등장인물을 연기하는 이, 연기를 관찰하고 피드백 하는 이가 필요하다. 역할극은 관객 앞에서 부끄러움을 느끼거나 연기자들끼리 서로 몸을 사려서 연기가 잘 진행되지 않는 경우가 흔하다. 리허설을 여러 번 해서 참가자들이 역할에 이입해야 본래 모습과 상황을 생생히 연기할 수 있다.

진행자 역

유학생 역

한국인 학생 역

⑤ 역할극을 시작한다

진행자는 시작을 지시하고, 연기자는 다음의 두 측면을 항상 고려하며 연기한다.

· 언어 측면

→ **해당 역할이 말하는 내용의 논리성, 어휘의 사용 등**

· 비언어 측면

→ **표정, 몸짓, 시선, 자세, 사람 간의 거리 등**

이때 동영상을 촬영해두는 것도 효과적이다.

 · 유학생 역은 한국인 대학생이 쉽게 이해하는 단어나 표현("괜찮아요" "어서")을 알아듣지 못해 난처한 상황을 연기한다.

· 한국인 학생 역은 유학생의 처지를 고려해서 가능한 한 쉬운 말로(추상적인 표현을 최대한 쓰지 않고) 말하려고 노력하는 상황을 연기한다.

⑥ 피드백을 한다(10분)

처음 설정한 관점을 바탕으로 연기자에게 확실한 피드백을 제공한다. 발견한 점과 느낀 점이 있다면 아무리 사소한 것이라도 이야기한다. 진행자가 관객과 연기자에게 질문을 권장한다.

유학생 역에게

"한국인 학생이 하는 말을 이해했나요"(어렵거나 이해할 수 없는 표현이 있었나요?)

"상대방이 당신의 이야기를 이해했나요?"

"한국인 학생에게 '효과적인 한국어 공부법을 알고 싶다'고 전할 수 있었나요?"

한국인 학생 역에게

"유학생이 하는 말을 이해했나요?"

"유학생이 당신의 말을 알아듣고 적절히 반응했나요?"

"유학생과 대화할 때 특별한 노력이나 배려가 필요했나요?"(천천히 다시 말하기, 상대방의 말을 참을성 있게 기다리기, 상대방이 하고 싶은 말을 추측해서 확인하기 등)

"당신이 이 상황에서 얻은 다른 성과도 있었나요?"(새로운 표현의 습득, 비언어 능력 등)

⑦ **최종 평가를 한다**(5분)

연기가 끝난 후 관찰자들은 주제에 대해 깨달은 점, 연기자의 감정 등에 대한 의견을 발표하고 논의하여 평가한다.

'주제를 적절히 설정했는가?'

'과제를 구체적으로 이해할 수 있었는가?'

'연기가 자연스러웠는가?'

이런 점을 고려해 전체적으로 좋았던 점과 개선할 점을 함께 이야기한다.

그 외에도 주변에서 발생할 수 있는 문제를 골라 역할극을 연습해보자.

- (가정) 동물을 싫어하는 아버지에게 개를 기르고 싶다고 말하는 아이
- (학교) 친구가 동아리를 그만둔다는 사실을 선배에게 말해야 할지 고민함
- (직장) 고객이 환불과 지나친 사과를 요구함

비언어 커뮤니케이션으로
양질의 인간관계를 구축한다

똑같은 말을 하더라도 표정이나 몸짓에 따라 다르게 받아들여진다. 가령 친구에게 "안녕" 하고 말을 걸었을 때, 다음처럼 반응이 다르다면 각각 어떤 인상을 받게 될까? 그리고 그후 친구와의 관계는 어떻게 될까?

A. 얼굴을 보고 싱긋 웃으면서 "안녕" 하고 소리 내어 인사한다.

B. 미소 지으며 고개만 끄덕여 인사한다.

C. 고개를 들지 않고 "안녕" 하고 소리만 내어 인사한다.

D. 고개를 숙이고 있을 뿐이다.

A에게서는 좋은 인상을 받게 되고 그 후의 관계도 원만할 것이다.

B에게서도 A만큼은 아니지만 좋은 인상을 받을 것이다. 웃는 얼굴은 좋은 커뮤니케이션의 기본이다.

C는 경우에 따라 다르지만(바쁜 때 등) '안 좋은 일이 있었나?'라고 의아하게 생각할 것이다.

D에 대해서는 불안을 느끼고, 경우에 따라서는 '무시당했다'라는 생각에 화가 날 수도 있다.

이처럼 표정, 몸짓, 말투, 시선 등 언어 외의 요소도 커뮤니케이션에 포함된다. 비언어 커뮤니케이션은 말과 마찬가지로 원만한 인간관계를 구축하는 데 필수 요소다.

재택근무로 원격 커뮤니케이션이 증가하고 있는 오늘날, 화면 너머로 이루어지는 비언어 커뮤니케이션도 상대방과 관계를 구축하는 데 중요한 열쇠라고 할 수 있다.

비언어 커뮤니케이션의 기본

퍼포먼스에서 특히 중요한 비언어 커뮤니케이션은 준언어, 표정, 몸짓이라는 세 가지다.

○ **준언어**(말소리의 크기와 속도 등)

인간은 목소리의 높이와 크기 등의 세밀한 변화를 무의식적으로 감지해서 상대방에 대한 인상을 결정한다. 예를 들어 목소리가 낮으면 '기분이 가라앉았다' '화가 났다'라는 인상을 받는다. 반대로 목소리가 높으면 '기분이 들떠 있다' '기뻐한다'라는 인상을 받는다.

전달하고자 하는 메시지는 큰 목소리로 천천히 말한다. 상대방이 집중해서 들어주기를 바랄 때는 역으로 작은 목소리로 말하거나, 빠르게 말하는 것도 효과적이다. 목소리에 변화가 없으면 누구나 지루하게 느낀다.

말의 빠르기, 말과 말 사이의 '틈'도 중요한 요소다. 중요한 말을 하기 전에 잠깐 '틈'을 두면 청중의 관심을 끌 수 있다.

○ **표정**(희로애락)

표정은 감정을 전달하는 중요한 수단이다. 희로애락을 표정으로 표현하면서 이야기를 전하면 내용이 더 실감 난다.

"외국에는 재미있는 패션이 있어요!" → **웃는 표정**

"독감 유행이 최고조에 다다랐네요." → **진지한 표정**

"작년에 소중한 친구가 세상을 떠났어요." → 슬픈 표정

시선 처리도 인상에 남기 쉽다. 가능한 한 주변 사람들 한 명 한 명과 눈을 맞추자. 이야기할 때는 한 문장 한 문장마다 한 사람 한 사람의 눈을 제대로 들여다보며 이야기한다.

○ **몸짓**(제스처 등)

손과 몸을 사용한 움직임을 넣으면 청자에게 사물의 크기나 형태 등을 시각적으로 이해시킬 수 있다. 음성 정보에 손의 움직임을 더하면 듣는 사람이 더 쉽게 상상한다.

"이~렇게 큰 개가" → 손을 크게 펼친다.

"요점은 세 개입니다." → 손가락을 세 개 펼치고
　　　　　　　　　　　　　　　"첫째, 둘째, 셋째."

"저도 모르게 가슴이 철렁했지요." → 가슴에 손을 댄다.

"어떻게 생각하시나요?" → 손바닥을 위쪽으로 해서
　　　　　　　　　　　　　　　청자를 가리킨다.

손으로 비언어 커뮤니케이션을 할 경우에는 손을 가슴

430

보다 높은 위치에서 크고 천천히 움직이는 것이 비결이다. 반대로 손을 촐싹거리며 움직이면 조급한 인상을 주므로 좋지 않다.

아래에서는 비언어 커뮤니케이션에서 특히 중요하게 여겨지는 요소를 혼자서 연습할 수 있는 방법을 소개하겠다. 아침에 거울로 자신의 얼굴을 보며, 또는 회사의 한적한 공간에서 연습해보자.

발성 연습 '아이우에오'를 해보자

아주 간단하면서도 효과적인 연습이다.

① 입을 크게 벌려 '아, 이, 우, 에, 오'를 짧게 발성한다

② 입을 벌리고 '아-' '이-' '우-' '에-' '오-'를 하나씩 확실하게, 일부러 크게 표정을 지으며 천천히 발성한다. 5번 반복한다

③ 익숙해지면 '아이우에오, 이우에오아, 우에오아이, 에오아이우, 오아이우에'를 가능한 한 한 번의 호흡에 말한다

미소 연습 '나무젓가락 훈련'을 해보자

미소는 상대방에게 호감을 주는 가장 중요한 표정이다. 의식하면 자연스럽게 표정을 만들 수 있게 된다.

① 나무젓가락의 가운데 부분을 앞니로 물고 위아래 입술에서 힘을 뺀다

② 그대로 입꼬리만 올려서 양쪽 눈동자와 같은 폭으로 벌린 후 10초간 유지한다

③ 천천히 원래 표정으로 돌아가서 ①과 ②를 2~3분 동안 반복한다

나무젓가락을 사용하지 않는 방법도 있다.

① 입꼬리를 올렸다 원래대로 내리는 운동을 1분간 반복한다

② 뺨 근육을 올려서 눈이 가늘어지게 했다가 원래대로 되돌아가는 표정 근육 운동을 1분간 반복한다

움직이는 연습 '대화 중의 제스처'를 해보자

친구나 동료와 대화할 때 의식적으로 제스처를 해보자. 다음 두 가지 요소를 염두에 둔다.

- **동작은 크게, 천천히, 대담하게 한다.**
- **사용할 상황을 생각해놓는다. (만났을 때, 헤어질 때)**

(예) "안녕!" → 힘차게 손을 올린다.

"얼른 가봐야 돼." → 빠르게 달려가듯 손발을 크게 흔든다.

"손이 얼어붙도록 추운 날이네요." → 손을 감싸는 동작을 한다.

대화가 단조로워졌을 때도 제스처를 도입하면 좋다. 다만 제스처는 어디까지나 언어나 음성의 표현을 보조하는 것이므로, 지나치게 사용하면 효과가 약하고 어색해 보인다. 억양, 말과 말 사이 틈의 표현도 함께 의식하자.

비언어 커뮤니케이션의 7가지 종류

미국 텍사스대학교 명예교수이며 커뮤니케이션 연구자인 마크 냅에 따르면 비언어 커뮤니케이션은 다음과 같이 분류된다.

- 몸동작(몸짓, 자세, 표정, 시선, 눈 깜빡임, 동공 수축 등)
- 몸의 특징(용모, 스타일, 머리모양, 피부색, 체취 등)
- 접촉 행동(악수, 포옹 등)

- 준언어(울음, 웃음, 감탄사 등)

- 공간(상대방과의 거리 등)

- 인공물의 사용(복장, 소지품, 화장 등)

- 환경(인테리어, 조명, 온도 등)

신체, 동작, 거리, 스타일조차도 소통요소다.

지금이야말로
'배움의 습관'을

이 책은 지금까지 제가 축적한 '배움에 관한 지식과 실천'의 집대성입니다. 표현은 거창할 수 있으나 제가 생각했던 것보다 단기간에 써낼 수 있었습니다.

그 이유는 무엇일까요? 세계 톱클래스의 사람들에게 공통되는 배움의 틀이 명확하기 때문이라고 생각합니다. 이 책 속의 에피소드를 돌아보면 예전에 같은 수업을 듣던 친구, 동료, 함께 배움에 힘쓰던 학생들의 모습이 생생하게 떠오릅니다.

세계적 엘리트들은 각자에게 맞는 배움의 습관을 익혀 자신의 일에 온전히 활용하고 있습니다. 이 책을 쓰면서 그 사실을 다시 한번 느끼고, 한 권으로 구체화할 수 있었다는 점을 기쁘게 생각합니다.

'배움의 습관'은 여러분의 인생을 바꿀 것입니다. 저는 진심으로 그렇게 생각합니다. 많은 사람이 자신에게 잘 맞는 배움의 틀을 알고 연마하면 학습 습관이 바뀌고, 인간관계가 바뀌고, 그리고 인생이 바뀔 것입니다.

배움이란 마치 음악 같기도 합니다. 인풋과 아웃풋, 숨을 들이쉬고 내쉬는 일로 노래, 악기 연주, 리듬이 탄생하고 사람들을 감동시킵니다.

이 책을 읽고 난 독자분들이 알 수 있는 점은 아마도 서로 다른 세계 사람들의 커뮤니케이션은 특이한 것이 아니라 일상적인 것이라는 사실입니다. 글로벌 사회에서는 국적이 같아도 문화 배경이 다른 일이 종종 있습니다. 우리나라 사람 사이에서도 학습 방법은 똑같지 않습니다.

더 파고들면 한 사람 한 사람의 배움에는 서로 다른 특징이 있습니다. 기존의 교육으로는 개인별로 그 강점을 충분히 살리고 키워내는 일이 어렵다고 생각합니다. 지식을 집어넣기만 해서는 인풋의 일부 측면밖에 알지 못합니다. 학교에서 받은 성적이 여러분의 능력을 전부 보여주는 것은 아닙니다.

시험에서 항상 만점을 받아도, 영어를 잘해도, 예체능 과목에 뛰어나도, 배움에서 열정이나 즐거움을 느끼지 못하면 인생에서 무언가가 부족한 것입니다. 그렇게 느끼는 사람들이 고민에서 벗어나 배우는 기쁨을 실감하는 데 이 책이 조금이라도 도움이 된다면 기쁠 것입니다. '배움의 습관'을 습득해서 자신감을 얻고, 거기서 더욱 독자적인 성장을 이뤄가길 바랍니다.

이 책을 집필한 타이밍은 마침 전 세계에서 코로나가 맹위를 떨치기 시작한 시기와 겹칩니다. 전대미문의 바이러스 유행으로 인해 수많은 사람이 고통받고 아까운 목숨들이 스러졌습니다. 또 학교들이 일제히 문을 닫아 학생들이 평소와 같은 방법으로 학습하지 못하게 되었습니다.

앞날이 보이지 않는 갑갑한 상황 속에서 어떻게 개개인이 최대한으로 배울 수 있을까. 이 책을 쓰던 때 저는 바로 이 시기이기에 '배움의 습관'에 대해 쓰고 독자 여러분에게 전달하는 일이 제 사명이라고 느꼈습니다.

여기서 잠시 지금 제가 하고 있는 일을 소개하겠습니다. 제가 평생을 바치고 있는 연구 중 하나는 '교육의 기회균등'이며, 저는 그 실현을 위해 교육받기 어려운 상황에 처한 사람들에게 기회를 제공하고, 역경을 극복해 자아실현을 할 수 있도록 지원하고 있습니다. 이러한 주제에 관심 있는 분은 연락주십시오. 도쿄 외국어 대학 홈페이지에 제 이메일 주소가 있습니다.

http://www.tufs.ac.jp

마지막으로 이 책의 출판을 실현해주신 분들께 감사의 마음을 전합니다.

그리고 이렇게 나이가 든 저를 아직도 걱정하시는 고향의 어머니, 책 쓰기를 격려해준 딸들, 마리야, 나나, 정말로 고맙다.

오카다 아키토

색인

ㄱ

가설	349, 350, 353
가입법	421
가정법	273
가지	242
가짜 뉴스	377
갈등	295
갈등 관리	292, 295
감각	63, 64
감정에 이름 붙이기	388
개방형 질문	316
개인정보	329
거울법	420
걷기	175, 334
걸으며 경청	106
결론	203, 252
경청	75
고구마줄기식 연상법	158
공감적 이해	101
공동작업의 아이스 브레이킹	123, 124
공리주의	153
공손 이론	302
공책	231
공통점 그랜드슬램	127
관독	65
관찰	37
국제학업성취도평가	382
궁지에 몰렸을 때 힘을 발휘함	398
그 자리를 떠난다	387
그대로 반복하는 것	104, 105
글로벌화	20
글쓰기	250, 259, 260
글쓰기를 꺼리는 마음	267
금기인 질문	328
긴장 조절	58, 397, 399

ㄴ

나무젓가락 훈련	432
나쁜 질문	321
내성	338
내향적	63
노래 암기	87
논리적 사고	355

ㄷ

다문화, 다언어 사회	21
다섯 가지 모음으로 질문하기	311
단기 기억	84, 195
대화 중 제스처	9, 57, 213, 410, 430, 433
대화의 워밍업	333
도구적 동기부여	192
도덕적 딜레마	145
도서관	200

도용	202, 208
동기부여	87, 180, 187, 192
동료 평가	357
동시비교	42
동음이의어	160
듣기 능력	78, 83
듣기 능력의 3단계	85
듣지 못함	76
딜레마 사고	143

ㄹ

라포	100
로저스의 3원칙	100
롤모델	179
리덕션	194
리듬	333
리라이팅	204
리에종	194
리허설	411
릴레이 스피치	94

ㅁ

마무리법	277
마법의 가게	421
마인드맵	239
만다라트	156
말장난 연상법	159
메라비언의 법칙	56
메모	28
명상	173, 176
모니터링 능력	45
모달리티 효과	83
모방형 역할극	420
목소리의 높낮이	77
목표 달성	279, 294
몸짓	58
무조건의 긍정적 배려	101
문제 발견	133
문제의 3가지 틀	139
문화인류학	52
미러링	104

미소	410, 427, 432

ㅂ

반대 의견	283
반론의 양상	285, 369
반면교사	209
반사	111
발상	161
발성연습	411
발언의 타이밍	106, 275
발표 메모	411
방사형 사고	240
배움의 '틀'	11, 436
백트래킹	105
변증법	307
변화에 대응하기	21
복식호흡법	402
본론	252
분노 관리	387
비교	37

비교교육학	6, 7	선수 필승법	275
비교의 4단계	38	성격	62
비교제시법	273	셀프 렉처	86
비언어 커뮤니케이션	332	셀프 토론	373
비판적 독서	377	소스북	197, 205
비판적 사고	9, 347, 348	손뼉치기	333
빨리 듣기	86	손을 지압한다	403
		수분 보충	176
		수수께끼 연상법	159
		수치심의 문화	398
사고의 4단계	130	순서비교	42
사례형 역할극	420	스스로에게 질문해 문제를	
사회언어학	289	명확히 하기	338
상대방이 원하는 것을 탐색한다		스케치패드 기능	66
	318	슬라이드 5장	413
상호성의 원리	111	시선	413, 424
생산성	170	신뢰 관계	100
섀도잉	77, 190	심리학	55
서머리	231, 234		
서술기억	85		
선례를 응용해 창조한다	216		

ㅇ

아웃풋	9, 24, 437
아이디어	130, 216
아이스 브레이킹	123
아이우에오 운동	431
어학	190
업데이트	207
에세이	248
에세이의 종류	249
에세이의 틀	251
여키스-도슨 법칙	398
역할 역전법	421
역할극	419
연결고리를 끊는다	370
열린 고리 연상법	161
영아가 말을 알아듣는 능력	90
오스본의 체크리스트	225
외향적	63
요약	113, 117
우스운 얼굴 만들기	390

울트라디안 리듬	169
움직임	58, 410, 430
유사성과 동조행동의 법칙	103
유형론	62
육하원칙	340
융 심리학	63
음운부호화	195
의견	24, 28
의견과 이유를 연결하는 방식	271
의견을 말하는 일의 의의	289
의견의 대립	294, 365
의무론	153
이노베이션	20
이동법	421
이문화 커뮤니케이션	332
이미지 트레이닝	405
이야기 원반	221
이야기를 잘 연결한다	224
이중자아법	421
인공지능	20

인과비교 43

인용 254

인풋 9, 24, 30, 80, 261, 437

일기 261

일어서서 걷기 175

임계기 90

자기소개 125

자기소개의 아이스 브레이킹 124

자기일치 101

자문자답 337

재택근무 372, 428

저널링 263

전달 방법 409

전제 이해 293

전후비교 42

절차기억 85

접촉 434

제스처 57, 410, 430, 433

종합적 동기부여 192

좋은 질문 321

주의 훈련 399

주제곡을 넣는다 389

준언어 428, 429

중간 연결법 276

중심 이미지 242, 243

중요도 서열법 272

직관 63

질문의 요령 311, 331

질문의 종류 316

질문의 타이밍 330

집단 역할극 421

참고문헌 197, 198

청각영역 84

체면 303

초두효과 276

445

추가 정보 얻기 318
카드놀이 245

ㅋ

캐플란의 사고 양상 258
캘리브레이션 104
코넬식 필기 229
코덱스 아룬델 237
코칭 241
쿨다운 169
큐 231
키워드 232, 242, 407, 411

ㅌ

타인 관찰 25, 59
터크먼 모형 294
토론 365
토론의 플로우 시트 369
토마스 킬만 갈등 관리 유형 295

튜토리얼 32, 315
트롤리 문제 146
틈 324, 332

ㅍ

팝송 190, 193
패러프레이징 204
퍼포먼스 397
페이싱 104
펜들턴식 피드백 280
평행열거법 272
폐쇄형 질문 315, 318
포모도로 기법 170
표절 202, 208, 254
표정
212, 390, 413, 424, 427, 429
프라이밍 효과 166
피드백 219, 278
피드백 시트 281
필기 229

446

필러 워드	410

ㅎ

해마	84
핵심 역량	21
현장연구	47
협동	32
호흡	
9, 33, 58, 77, 104, 176, 262	
화제를 조절한다	276
휴식	164, 170

기 타

4행 일기	260, 262
6개의 R	233
6초 규칙	388
AI	20
Argument essay	250, 255
CER 방법	283

ESD	348
OECD	20, 382
PISA	21, 382
PREP	416
SMART 법칙	339
TRIZ	217
VUCA	19

옮긴이

: 이정미

연세대학교 경제학과를 졸업하였으며, 이화여자대학교 통역번역대학원에서 번역학 석사학위를 취득했다. 현재 번역 에이전시 엔터스코리아 출판기획 및 일본어 전문 번역가로 활동하고 있다.

배움의 습관

초판 발행 • 2022년 6월 10일

지은이 • 오카다 아키토
발행인 • 이종원
발행처 • (주) 도서출판 길벗
브랜드 • 더퀘스트
출판사 등록일 • 1990년 12월 24일
주소 • 서울시 마포구 월드컵로 10길 56(서교동)
대표전화 • 02) 332-0931 | **팩스** • 02) 322-0586 | **홈페이지** • www.gilbut.co.kr
이메일 • gilbut@gilbut.co.kr | **대량구매 및 납품문의** • 02) 330-9708

기획 및 책임편집 • 송혜선(sand43@gilbut.co.kr) | **제작** • 이준호, 손일순, 이진혁
마케팅 • 한준희, 김선영 | **영업관리** • 김명자, 심선숙 | **독자지원** • 윤정아

표지디자인 • [★]규 | **본문디자인** • 마인드윙
CTP 출력 및 인쇄 • 예림인쇄 | **제본** • 예림바인딩

ISBN 979-11-6521-966-6 03190(길벗 도서번호 040207)
정가 15,500원